INVESTIR EN CÔTE D'IVOIRE

Carrefour des entreprises

LEKPO Guédé Serge

INVESTIR EN CÔTE D'IVOIRE

Carrefour des entreprises

L'Harmattan
Côte d'Ivoire

5-7, rue de l'École-Polytechnique ; 75005 Paris

www.editions-harmattan.fr

ISBN : 978-2-14-029577-5
EAN : 9782140295775

REMERCIEMENTS

Nous vivons dans un Univers dans lequel nul ne peut évoluer seul, en s'enfermant dans son petit monde. Car l'inspiration elle-même se réfère aux indicateurs existants.

Ainsi, j'adresse mes remerciements aux personnes ayant concouru à ma formation,

Le Professeur DIABATE MORY Fondateur de l'Université Nord/Sud,

A M.YAO Angama Hervé, Cabinet ACCES-CI,

Au Dr BOKA Beugré Rodrigue, Cabinet ACCES-CI,

A Maître TOURE SIE,

BOB BAILLY Jonathan, Entrepreneur, GBAZO DJEDJE Bedel Paulin YOFFOU Yvone épse DIALLO,Jocelyne YOFFOU, ASKA Michel,

M. KOFFI KOUADIO Guy-Roger

DOGA CONSTANT , YA KOUAKOU Arsène, Docteur BAILLY Marcel, Médecin Chirurgien,

KIMON Cyrille, Bertrand N'DEFFO, DIANA MARQUES,

Maître BAMBA MAMADOU, CNAA-CI

DEDICACE

A l'honneur du Président de la République de Côte d'Ivoire,

1er Promoteur des Investissements Privés en Côte d'Ivoire,

SEM Le Premier Ministre, Promoteur des Investissements Privés en C.I,

SE MYSS Belmonde DOGO Ministre de la Cohésion Nationale, de la Solidaritéet de la Lutte contre la Pauvreté,

SEM BANDAMA Maurice, Ambassadeur de la République de Côte D'Ivoire en France,

Maman GUEDE DJILE JEANNE, tes effortsqui ont contribué à ma croissance,

Maman AKPA LANDRYSE, merci pour tes conseils.

Bernadin GOBE à Paris . Merci pourla Fraternité.

Jean Philippe NAKOBO, Conseiller auMinistère de la Cohésion Nationale, de la Solidarité et de la lutte contre la pauvreté.NEGBLE Azaris. GBOKO Okleme Gervais,

M. François ETIEN, Directeur Exécutif de L'HARMATTAN C.I,

Emile YAO aux Nations Unies,

Commandant BONZOU Guy Ange,Charly TOKORE,

DIGBEU Toh Lambert, Cabinet comptable ICOGEF,

Christophe N'DA Cadre aux Impôts.

Philippe SIMO, ASONG Emmanuel et Stefanie SCHERER

AVANT-PROPOS

Le secteur privé contribue à la construction de l'économie d'un Etat. Les indicateurs qui suivent dans la présentation introductive de cet ouvrage sur les investissements démontrent bien cette thèse.

Depuis son accession à la souveraineté nationale, le 07 Août 1960, la Côte d'Ivoire (C.I) a opté pour le libéralisme économique comme modèle de gouvernance. L'Etat n'est pas un acteur du secteur privé, ni un opérateur économique concurrent des entreprises privées. L'Etat assure plutôt la régulation des règles contributives au bon fonctionnement dudit secteur.

Il veille sur l'application des règles régissant la liberté de commerce et d'industrie,

Celles inhérentes à la concurrence loyale entre les acteurs de l'environnement des affaires.

L'Etat est également le garant de la sécurité des entreprises, dans sa politique de sécurisation des biens et des personnes qui exercent sur le territoire national. Cela permet aux entreprises et aux opérateurs économiques d'exercer en toute tranquillité dans un environnement sain. Ce qui favorise par ailleurs, les investissements nouveaux locaux et notamment étrangers. Or, la création de nouvelles entreprises concourt à la production de biens et services en grande quantité et qualité. Les coûts des biens économiques baissent eu égard à la forte concurrence entre les entreprises. Cela est à l'avantage des populations qui ne restent pas passives ni oisives, au regard de la quantité et de la qualité des produits aussi bien diversifiés qui leur sont proposés par les industries et commerçants. Ainsi, le marché se met en mouvement. C'est un privilège pour les entreprises qui consolident leurs chiffres d'affaires et étendent leurs exploitations par des investissements nouveaux. Ceci conforte les recettes fiscales,budgétaires de l'Etat dans l'élaboration de la loi de finance de l'année N+. Le bon fonctionnement du secteur privé contribue à la création d'emplois, de richesses, et au développement de l'économie nationale. Ce qui ajoute une plus-value à la croissance économique du pays.

C'est fort de cet avantage, que le présent ouvrage dénommé **''INVESTIR EN CÔTE D'IVOIRE CARREFOUR DES ENTREPRISES''** fait la promotion des investissements privés. C'est un catalogue qui présente les opportunités d'investissements de la Côte d'Ivoire aux opérateurs économiques du monde.

Ensuite, le livre présente à tout citoyen les secteurs d'activités rentables, et les informations sur la gestion de leurs entreprises ou activités. Cela permet aux entrepreneurs de mieux encadrer leurs exploitations et obtenir de bons résultats financiers ou chiffres d'affaires en fin d'exercice. Tel est l'intérêt de l'ouvrage.

Située en Afrique de l'Ouest, la Côte d'Ivoire débouche sur la mer, c'est-à-dire l'Océan Atlantique. Elle regorge des ressources naturelles abondantes et de secteurs d'investissements à forte rentabilité. L'Administration fiscale accorde un ensemble de privilèges fiscaux aux investisseurs. Les régimes d'imposition sont graduels, avec des taux abordables, minimisant le quantum des charges fiscales des entreprises. Il existe une sécurité sociale modernisée par la Caisse Nationale de Prévoyance Sociale (CNPS), avec des taux de cotisation raisonnables. Le Centre de Promotion des Investissements en Côte d'Ivoire (CEPICI) facilite les procédures d'obtention des documents administratifs portant création des entreprises, un atout de plus et un outil primordial pour les investissements. La Côte d'Ivoire est dans l'espace OHADA, un cadre juridique rénové, convenable aux entreprises.

La Côte d'Ivoire est une plaque tournante en Afrique de l'Ouest, et la porte d'entrée de l'UEMOA, avec un marché potentiel en mouvement. C'est un pays stratégique, avec des investissements nationaux et étrangers très importants. Un ensembled'atouts qui font de la Côte D'Ivoire, une terre propice aux investissements nouveaux et le carrefour d'affaires.

‘’ INVESTIR EN CÔTE D'IVOIRE CARREFOUR DES ENTREPRISES ‘’ est le guide et le Conseiller de vos investissements et l'outil d'encadrement de votre gestion.

PREFACE

Le choix du libéralisme économique opéré par le Père Fondateur Félix Houphouet BOIGNY, comme mode de gouvernance a positionné la CÔTE D'IVOIRE à travers son secteur privé dans un leadership très apprécié en Afrique et dans le monde.
Les réformes engagées par le Président de la République SEM ALASSANE OUATTARA, contenues d'une part dans l'annexe fiscale à la loi de finances N° 2021-899 du 21 Décembre 2021, se rapportant au budget de l'Etat pour l'année 2022, Et d'autre part, celles que comporte l'annexe fiscale à la loi de finances N° 2023-1000 du 18 Décembre 2023, se rapportant au budget de l'État pour l'année 2024 ont participé à la modernisation de l'Administration Fiscale. A cela s'ajoute le portail fiscal pour faciliter les entreprises dans la déclaration des impôts par des services digitalisés.
Les avancées ci-dessus exposées font du secteur privé, une vitrine d'opportunités dans laquelle, les opérateurs économiques de divers horizons sont invités à investir.

Docteur ZADI BLEY ROGER,

Docteur en PhilosophiePolitique et Morale.

Chef d'Etablissement et Directeur des études du Collège Saint Jean de Gagnoa, Côte D'Ivoire,

Membre de la Congrégation des Frères du Sacré-Cœur en Côte d'Ivoire, œuvrant dans le domaine de l'éducation.

INTRODUCTION

L'économie mondiale, bien qu'elle comporte quelques éléments de fragilité ; celle-ci affiche des perspectives prometteuses. En effet, les nouvelles découvertes de ressources naturelles (hydrocarbures, minerais), les efforts de résolution des conflits et de réduction des catastrophes, le développement de nouvelles technologies, et de la chaîne d'approvisionnement des biens et services à l'échelle planétaire sont des indicateurs susceptibles de façonner le paysage de l'économie mondiale. Cette croissance économique mondiale devrait évoluer d'un taux de 3,2% pour atteindre un taux de plus de 4% /an, grâce à l'avancée des échanges internationaux, ainsi que la redynamisation des activités économiques dans de nombreux pays, dont l'Afrique qui offre un potentiel de rendement élevé aux investisseurs, avec une population urbaine en nette expansion, constituant un marché de consommation important. Les secteurs de l'industrie, de la technologie, de l'énergie, de l'agriculture, de l'immobilier pour logement, et du transport attirent les investissements nouveaux sur le continent africain.

La Côte d'Ivoire, porte d'entrée de l'UEMOA, et partie intégrante du marché Ouest africain,y tire profit pour relancer sa croissance et consolider son économie. Cette croissance se situe autour de 6%,grâce à la bonne gestion des secteurs tertiaires, secondaires et particulièrement des investissements privés.

Elle devrait se poursuivre chaque année, avec les indicateurs de stabilité et de bon fonctionnement des secteurs publics et privés, par surtout la modernisation de l'administration fiscale.A cela s'ajoute l'équilibre de la balance commerciale qui présente un score positif. Ces perspectives rassurantes accompagnent le Plan National de Développement.C'est donc le bon moment d'y aller[1].

Le premier conseil est de considérer le marché comme un pays de grande exportation. Malgré la proximité culturelle avec la France, la concurrence est très forte. La Chine occupe une position très favorable, en qualité de pays fournisseur de services en Côte d'Ivoire et en Afrique. La France a un privilège sur les investissements, mais ce bénéfice est mis à l'épreuve par la concurrence à travers la présence abondante d'autres investissements locaux et étrangers.

Si les Français gardent certains avantages (langue et culture encore très présentes), les entreprises françaises ne sont plus en terrain conquis. Elles doivent être très méthodiques pour espérer conclure un contrat : savoir engager des budgets et se mettre au niveau des autres entreprises concurrentes. Cette concurrence du monde entier démontre le dynamisme du marché et sa ténacité.

1. Comment faire pour trouver et travailler avec un partenaire sur place ?

En Côte d'Ivoire, les contacts sont faciles, car les Ivoiriens sont hospitaliers et très accueillants. Il n'y a donc pas de barrières à condition toutefois de rester très professionnel. Les entreprises françaises sont déjà très présentes sur le territoire, avec une diversité de filiales: tout un vivier de clients, d'agents commerciaux avec lesquels nouer des contacts. Pour investir en Côte d'Ivoire, il est

[1]Ministère du budget et du portefeuille de l'Etat (www.dgi.gouv.ci).La croissance de 7,4% rélève d'une reprise des activités au niveau local et des volumes d'échanges internationaux par la réouverture des frontières avec l'extérieur, et la maîtrise des effets de la pandémie (Covid-19), ainsi que le retour progressif des investisseurs privés.

conseillé de contacter des experts spécialisés en Conseils et Gestion, avec également le CEPICI. Ils vous accompagneront dans vos démarches.

2. Le moment opportun pour faire des affaires en Côte d'Ivoire.

Après avoir connu quelques années difficiles, le pays rebondit et s'est fixé pour objectif d'atteindre des niveaux d'économie émergente avec la mise en place d'un programme de soutien économique et de reconstruction d'infrastructures, ainsi qu'un large recours à l'investissement privé, en particulier international.

3. Des conseils pour ceux qui s'apprêtent à venir investir en côte d'ivoire.

Tout entrepreneur peut ouvrir son entreprise en Côte d'Ivoire et la contrôler à 100 %. Il est préférable dans un premier temps de faire des affaires plutôt avec des clients du secteur privé, car ils sont très réactifs. Il est également bon de traiter avec le secteur public lorsqu'on est déjà bien établi sur place, car on passe par des appels d'offres, une démarche plus ou moins longue.

I. LES DIFFERENTS SECTEURS D'INVESTISSEMENTS

A. SECTEUR INDUSTRIEL

La promotion du secteur privé est une action transversale, qui concerne de nombreux départements ministériels, susceptibles chacun de contribuer à l'amélioration de l'environnement des affaires, et par ce biais à favoriser l'émergence d'un secteur privé fort, dynamique et compétitif. La Côte d'Ivoire regorge d'un portefeuille de projets à forte rentabilité. Il s'agit notamment :

a) *Des filières non agro-industrielles*

- Matériaux de construction

- Unité de recyclage des déchets plastiques pour la fabrication d'emballages,

- Unité de recyclage de cartons et papiers,

- Unité de production de papiers à base de déchets cellulosiques,

- Unité de recyclage de verres brisés usagés,

- Unité de fabrication de verres creux et pressés.

b) *Des filières de produits pharmaceutiques et parapharmaceutiques*

- Unité de production d'extraits de parfums africains « Projet Afriparfum »,

- Unité de développement de la culture et de l'usage des spirulines « Projet Sud »,

- Unité de production de fortifiants alimentaires ivoiriens « Projet Foral ivoire »,

- Unité pharmaceutique d'excipients « Projet Medexip »,

- Unité mobile d'extraction d'huiles essentielles de plantes médicinales « Projet Mobil huile »,

c) *De la filière des biens d'équipement*

- Unité de production industrielle de l'acide sulfurique.

- De la filière des mines

- De l'amélioration de la qualité des produits et du contrôle des normes

- Disponibilité des matières premières de manière générale.

La Côte d'Ivoire dispose dans le secteur industriel :

- D'un terrain industriel d'environ 470 ha dans la zone de Yopougon, accueillant plus de 400 entreprises ;

- Une nouvelle zone industrielle de 940 ha à AKOUPE-ZEUDJI PK 24, en plus des zones de Koumassi et vridi.

La Côte d'Ivoire réserve de la place à tout investisseur de toute nationalité.

Dans la dynamique de la promotion des investissements privés en Côte d'Ivoire, le 1er forum d'Affaires et d'investissements Côte d'Ivoire-Amérique du nord s'est tenu le 11 Novembre 2021 au Radisson Blue Hotel d'Abidjan. Le but du forum est :

La promotion des opportunités d'Affaires de la Côte d'Ivoire auprès des entreprises, Institutions gouvernementales et Investisseurs nord-américains par la conclusion des partenariats entre Investisseurs nord-américains et le gouvernement ivoirien, y compris les milieux d'Affaires ivoiriens. Cela s'est fait sur la base des projets identifiés par le plan national de développement (PND). À cet effet, le Ministre du Commerce et de l'Industrie avec des personnalités, et l'Ambassadeur des USA en CI, SEM RICHARD BELL ont animé un panel sur le thème :

'' PND '' : Enjeux, projets prioritaires et coopération au développement. Cette initiative a été prise par le Service de Promotion Économique Extérieure de Côte d'Ivoire aux Etats-Unis, Canada, et Mexique (SPECI-USA). Elle est organisée par SEM INZA CAMARA, Consul Général de la CI aux USA. Cela présente la Côte d'Ivoire comme le véritable carrefour des Affaires[2].

B. SECTEUR MINIER ET PETROLIER

a) Les ressources minières

Le secteur minier connaît un regain d'activité. Les mines sont un secteur en devenir.

La production de l'or a progressé avec l'entrée en production de la mine d'or de Yaouré et celle de Tongon dans le nord de la Côte D'Ivoire. Cette production a évolué avec l'opérationnalité des mines d'or de Floleu et de Zoukougbeu. L'or est utilisé comme monnaie sur le marché financier. Les banques centrales détiennent des réserves

---

[2] Ministère du Commerce et de l'Industrie,(http://www.industrie.gouv.ci). La Côte d'Ivoire a entamé le processus d'industrialisation par la transformation de ses divers produits, pour atteindre l'objectif de pays émergent. Car le facteur démographique qui indique 29.389.150 habitants, en 2022 est un marché important deconsommation qui s'accroît chaque année.

d'or pour garantir la stabilité de la monnaie et diversifier les actifs. Il est utilisé dans la bijouterie, dans les investissements pour la protection du patrimoine. Il incarne la richesse. Il est utilisé dans les composants électroniques(smartphones, ordinateurs, satellites) pour sa conductivité électrique et sa résistance à l'oxydation.L'or réfléchit les infrarouges et protège les équipements spatiaux contre les radiations. Le plus gros gisement a été découvert à Kani et Dianra au Nord de la Côte D'Ivoire, par la Société Canadienne Montage Gold (Fraternité Matin N° 17 803 du 03 Mai 2024.

Le maganèse a pris unepart importante dans l'économie ivoirienne, avec les gisements de Bondoukou, Guitry, Kaniasso et Lagnonkaha. Il s'utilise dans la fabrication de l'acier, des tôles de carrosserie auto.

Le Nickel est une ressource minière très nécessaire dans l'industrie. Il se trouve dans la région de Sipilou (Tonkpi), Foungbesso et Viala (Bafing). Il intervient dans la fabrication des batteries rechargeables d'ordinateurs portables, d'appareils photos numériques (le lithium-ion) et des batteries de véhicules à grande densité d'énergie.

La Côte d'Ivoire dispose d'un gisement de bauxite, dans la région de Moronou (Benené). La bauxite contribue à laproduction de l'aluminium, le galllium, un métal qui sert dans la production des matériaux semi-conducteurs.

Le diamant est produit dans les régions de Séguela et Tortiya. Il rentre dans la fabrication de sciage, de matériaux de forage et polissage de matériaux (marbres, granites).

L'Etat de Côte d'Ivoire à travers le Ministère des Mines et de la Géologie a conclu le 23 Janvier 2021 un protocole d'accord avec l'entreprise Endeavour Mining pour l'exploitation de la mine d'or de Floleu[3].

Loi 2014-138 du 24 Mars 2014 portant code minier,

Décret n° 2014-397 du 25 Juin 2014 déterminant les modalités d'application de la loi n° 2014-138 portant code minier

b) Les hydrocarbures : Pétrole et gaz naturel

Avec ses réserves de pétrole et de gaz très importantes, le secteur des hydrocarbures occupe une place stratégique dans le paysage de l'économie ivoirienne. Ce secteur est un gisement de croissance et offre des perspectives d'investissements.

Ladécouverte du plus grand gisement d'hydrocarbures dit Baleine a été faite en 2021, dans le bassin sédimentaire de la Côte d'Ivoire par la Société Italienne ENI, dans le bloc CI-101 opérée en Consortium avec la Société nationale Pétroci Holding. Située en station balnéaire d'Assinie, La récente réserve découverte concerne le pétrole brut et le gaz naturel associé. C'est un potentiel majeur estimé à environ 1.500à 2.000 milliards de barils de pétrole brut et environ 1.800 à 2.400 milliards de pieds cube de gaz[4]. Le champ Baleine est entré en production en Août 2023.

---

[3] Ministère des Mines et de la Géologie, prévision de production minière. site : http://mine.gouv.ci

Les minessont aujourd'hui des ressources importantes pour l'économie ivoirienne. Ce qui explique les nouvelles explorations et découvertes, une politique de diversifications des ressources en vue d'accroitre les recettes budgétaires et assurer une économie performante.

[4]Ministère du pétrole et de l'énergie : 1er Septembre 2021

Les récentes découvertes et l'exploitation des hydrocarbures constitueront une plus-value pour l'Etat ivoirien et le bonheur de la

Un second gisement offshore dénommé Calao a été découvert dans le bloc pétrolier CI-205, à 45 km au large des côtes et à 12O km du gisement Baleine. Cette réserve s'estime à 5.000 barils/jour et 70.000 m3 de gaz associé.

Divers produits sortent du pétrole brut : Le carburant, le goudron, le combustible, les huiles lubrifiants. Quant au gaz, il produit de l'électricité générée dans les centrales électriques au gaz, le gaz naturel sec (méthane) utilisé pour le chauffage résidentiel, la production d'électricité, le GNL (gaz naturel liquefié), le propane/butane qui sert de carburant.

Exploration / Production

Ordonnance n° 2012-369 du 18 Avril 2012, modifiant la loi n° 96-669 du 02 Août 1996 portant code pétrolier.

- Cinquante et un **(51)** blocs dont 32 en activités, **4** en production**,** 28 en exploration et **18** blocs libres sont encore disponibles.

c) Raffinage

- Extension de la raffinerie d'Abidjan (augmentation de 30% de la capacité actuelle) ;

- Construction d'un pipeline multi produits en mer.

- Stockage / Transport

- Augmentation de la capacité de stockage de gaz ;

---

population. Car cela pourrait faire baisser l'inflation du coût du combustible, le carburant (produits finis du pétrole), et le cout du gaz pourrait aussi être révisé à la baisse, afin de soulager les ménages et réduire la pauvreté des populations par la baisse du coût de la vie.Un secteur d'investissement attractif pour les opérateurs économiques.

- Construction d'un pipeline de produits pétroliers Abidjan-Bouaké.

d) Distribution

- Extension du réseau de distribution de gaz naturel aux industries ;

- Construction de stations-services dans les zones d'ombre.

L'Etat de Côte d'Ivoire invite tout investisseur dans les hydrocarbures, par la promotion et la signature de nouveaux permis d'exploration et de décision d'investissement pour le développement de gisements marginaux de gaz identifiés ou en cours d'identification. Car l'Etat entend réceptionner le Cargo de gaz naturel liquéfié (**GNL**) à travers la construction des infrastructures ci-dessus mentionnés.

Le gaz est une importante source de progrès économique et social. Il est par conséquent, très rentable pour les investisseurs privés.

Le Ministère de L'Energie et du pétrole vise un mix énergétique de 42%renouvelable et 58% de thermique à l'avenir[5].

C. SECTEUR AGRICOLE

La Côte d'Ivoire a atteint de remarquables résultats en matière de développement agricole. Pour plusieurs de ses productions (notamment d'exportation), elle se trouve située à des rangs mondiaux et africains plus qu'enviables.

---

[5]Rencontre Ministère-délégation UE le 24 Septembre 2021 à Abidjan. Les hydrocarbures sont en phase de devenir des ressources principales. La filière café-cacao est le poumon de l'économie ivoirienne, mais n'offre pas encore tout le bonheur aux producteurs vu leur condition. Que le Conseil café-cacao et l'Etat s'attèlent à corriger cette situation. Source : Fraternité-Matin n° 17 147 du 20/Fév/2022

Les cultures du cacao et du café occupent à elles seules plus de 75% des terres consacrées aux cultures de rente avec une prédominance du cacao (56%). A cet effet, la Côte d'Ivoire occupe respectivement le 1er rang mondial pour le cacao, et le 15ème rang mondial pour le café.

- Le coton,

- Le palmier à huile,

- L'anacardier et

- L'hévéa occupent 23% des superficies.

Les autres cultures de rente (cocotier, banane, etc.), n'occupent que 2% des superficies.

En vue d'une agriculture performante, il a été question de pratiquer la rotation des cultures et une agriculture biologique pour une alimentation biologique saine. Telles ont été les propositions au sommet Ue-Ua à Bruxelle, sur l'agriculture durable, afin de limiter les produits phytosanitaires. C'était autour d'une table ronde sur l'agriculture, selon l'extrait du journal Fraternité Matin n°17 147 du 20 Février 2022.

a) Café

La Côte d'Ivoire est le 5è producteur en Afrique, derrière, l'Ethiopie l'Ouganda, le Kenya et la Tanzanie. La production caféière s'estime à 1.000.000 t/an. La Côte D'Ivoire occupe le 15è rang mondial et possède deux (2) variétés de café :

L'Arabusta qui est dans la zone de l'Ouest (Divo, Lakota, Daloa et Man). Ensuite, le Robusta qui est une ancienne culture du café ivoirien.

Le retour de la stabilité et l'application des solutions pour une bonne production de la filière café cacao, pourraient conduire la production à un chiffre de plus 2.500.000 tonnes à l'avenir. Cette performance serait le résultat du programme '' 2QC '' Programme Quantité-Qualité-Croissance dans la suite du développement. Le cafégénérateur de revenus a également des vertus pour la santé de l'Homme.

LES VERTUS THERAPEUTIQUES DU CAFE

Le café a plusieurs vertus nécessaires à la santé.

Il est la source en caféine, une substance qui agit sur le système cardio-vasculaire et le tube digestif. Selon l'étude de Madame Florence DAINE dans son ouvrage intitulé : **''LES 10 BIENFAITS DU CAFE''** ; celle-ci révèle une multitude d'effets bienfaiteurs du café pour la santé de l'Homme.

La prise régulière du café, fait maintenir en éveil ceux qui ont d'intenses activités intellectuelles et physiques.

Ensuite, la consommation de café par tasse réduit le risque de dépression. Chez les adultes une à six tasses de café réduisent le risque d'accident vasculaire cérébral de 8 à 13%. Le café a des effets antioxydants qui contribuent à la protection des artères. Ces résultats ne s'appliquent pas tout à fait aux patients souffrant de maladies cardiaques (angine de poitrine, insuffisance cardiaque) qui doivent restés prudents, car la caféine augmente la fréquence cardiaque et la pression artérielle de façon temporaire. Ils doivent réduire leur consommation de 200mg à 30cl jour. Les sportifs ne doivent pas en consommer avant l'activité sportive, car le café (caféine) peut entrainer une déshydratation au cours du sport.

La caféine stimule la motricité du colon. La consommation d'une tasse de café induit les consommateurs au besoin d'aller aux toilettes dans les 30 mn qui suivent. La consommation de 3 tasses/jour contribue à la prévention du cancer de l'endomètre et du foie. Ensuite la caféine empêche l'évolution du cancer de sein. La caféine contribue à prévenir les maladies d'Alzheimer et limite les effets de la maladie du Parkinson.

Boire au moins trois (3) tasses de café/jour serait recommandé.

b) Cacao

La production annuelle du cacao est assurée par environ 600.000 planteurs exploitant 2.500.000 hectares avec un rendement moyen de l'ordre de 500 à 600 kg/ha. Le système de cacao culture le plus largement répandu dans la zone forestière est celui de la petite exploitation extensive et familiale avec une taille des exploitations variant entre 1 et 1,5 ha.

Selon les présentes estimations, la production cacaoyère s'élève à 2 millions de tonnes/an et continuellement avec la mise en œuvre des pratiques modernes de traitement des plantations.

Le cacao produit des biens manufacturés tels que les produits cosmétiques, du beurre, le chocolat et bien d'autres produits, que les entrepreneurs exposent sur le marché de la consommation.

LES VERTUS DU CACAO POUR LA SANTE DE L'HOMME

Le cacao contient une diversité de vertus thérapeutiques. Il est riche en antioxydant : Le zinc et le cuivre qui combattent les effets du vieillissement, et les maladies des yeux. Sa teneur en vitamine E, un antioxydant quilutte également contre les maladies cardiovasculaires et réduisent le risque d'AVC. La forte dose de magnésium dans le cacao combat la fatigue. 2 cuillères à soupe de cacao cru,réduisent le diabète et la tension artérielle.

Le cacao fluidifie le sang et empêche la formation de caillots sanguins. Le cacao permet de durcir l'émail dentaire et protège contre la carie dentaire.

Le cacao contient du souffre. Celui-ci est capable de reconstruire le collagène et la kératine qui participent à la bonne santé des cheveux, des ongles et de la peau. Il fait réguler le sucre dans le sang, répare les tissus de la peau et renforce le système immunitaire de l'Homme.

Il est important de consommer du cacao (tasse de cacao, chocolat…) pour la bonne santé de notre corps.

Diagnostic et solution pour la performance de la filière Café Cacao

La Filière café-cacao sur laquelle repose en partie l'économie ivoirienne, connaît également de difficultés. Il convient de les énumérer et y apporter les solutions idoines, pour une bonne santé de la filière.

Les faiblesses sont ci-dessous énumérées ;

- La réduction de la fertilité des sols,
- Le vieillissement des producteurs et le désintéressement des jeunes à la culture de la terre,
- Les méthodes traditionnelles de travail, les cultures à la machette étant épuisant,
- la détérioration des termes d'échanges,
- le vieillissement des plants de café et de cacao,

- les maladies qui détruisent les plants (les parasites, les rouilles),
- le manque d'organisation rigoureuse des acteurs de la filière ; producteurs, acheteurs,
- la mauvaise condition de vie sociale des producteurs de la filière,
- le manque de transformation locale des produits,

L'ensemble de ces entraves, mettent à mal la filière café-cacao et sont constitutives d'une faiblesse de l'économie ivoirienne.

Les propositions de solutions suivantes ont été élaborées en vue d'une meilleure rentabilité de la filière café-cacao, afin d'assurer le bonheur aux producteurs et à l'État. Ces propositions de solutions sont les suivantes :

En vue de l'amélioration de la production cacaoyère et caféière, il faut :

Combattre de façon durable les maladies et les rouilles autours des plants de cacao et de café,

L'accès des producteurs aux produits et matériels de traitement des plants et du sol, ainsi qu'une gestion durable de la fertilité des sols,

Le remplacement des plants détériorés,

La commercialisation locale et extérieure :

Renforcer le contrôle du respect de la qualité des produits ;taux d'humidité :8,2%et de la garantie du prix bord champ,

- Faire la promotion de la transformation, la consommation intérieure, ainsi que la valorisation des sous-produits :

- Promotion de la consommation sur le marché local et sous-régional, et la quête de nouveaux marchés,
- Promouvoir les petites et moyennes industries avec l'intégration des producteurs dans la chaine de transformation du café et du cacao,
- Soutenir le transfert de technologie dans la transformation des matières premières en produits finis qualitatifs,

Amélioration des conditions de vie des producteurs :

Réévaluation des coûts des produits à la hausse,

Construction et consolidation des infrastructures communautaires :

Réhabilitation des routes et pistes des zones de productions de matières premières,

Construction de Centres de Santé communautaires pour les soins des communautés, installation des pompes hydrauliques et autres infrastructures d'accès à l'eau potable dans les villages,

Construction d'écoles pour la scolarisation des enfants,

Professionnalisation des producteurs et sécurisation des zones de production :

Apprentissage aux techniques modernes de travail agricole aux producteurs, pour une mécanisation de l'agriculture,

Financement des coopératives en termes de prêtsremboursables pour les besoins des producteurs,

Construction de brigades de gendarmerie afin de sécuriser les zones de production.

Les Institutions impliquées dans la mise en œuvre du programme 2QC, en appui au Conseil Café-Cacao (C.C.C) :

Le Centre National de Recherches Agronomiques (CNRA),

L'Agence National d'Appui au Développement Rural (ANADER),

La Société Ivoirienne de Technologie Tropicale (I2T)

Les Laboratoires de Contrôle Qualité (LANADA)

Le Fonds Interprofessionnel pour le Conseil et la Recherche Agricoles (FIRCA),

L'Office National de l'Eau Potable (ONEP), pour l'eau potable : Ministère des Infrastructures,

L'Agence de Développement des Routes pour les Pistes Agricoles (AGEROUTE), Ministère des Transports

La Direction des Infrastructures, de l'Équipement et de la Maintenance (DIEM), Ministère de la Santé pour la santé,

Le Bureau d'Exécution des Projets (BEP), pour l'éducation de base, Ministère de l'Éducation Nationale et de l'Enseignement Technique,

Le Commandement Supérieur de la Gendarmerie, pour la sécurité (Ministère de la Sécurité)

c) Palmier à huile

Deux types d'exploitations :

- Les exploitations industrielles, bénéficient de moyens techniques et financiers. Elles appartiennent à de grands groupes agro-industriels. Il existe 75.000 hectares de plantations industrielles de palmiers à huile. Le rendement moyen est de 10 t/ha.

- Les exploitations villageoises, bénéficiant de moyens plus réduits, représentent 75% de la superficie totale (200.000 hectares) de la palmeraie ivoirienne. Le rendement est de l'ordre de 5 à 7 t/ha.

L'Etat, par le programme d'investissement agricole s'est résolu à positionner la filière du palmier à huile, comme l'une des plus importantes dans l'économie du pays.L'Association interprofessionnelle de la filière palmier à huile plaide pour une baisse des coûts des engrais, et une révision du taux de la TVA de 18% à 9%. Les évolutions des prix de produits de première nécessité ont été maîtrisées par le Gouvernement au 1er trimestre 2021. L'Etat ambitionne de tripler cette production à 1.800.000 tonnes/an, sans amputer la couche forestière déjà réduite[6]. L'huile de palmproduitdes vertus industrielles, car elle est utilisée dans l'industrie de savonnerie.

d) Hévéa

En hévéaculture, l'on distingue les plantations industrielles appartenant aux grandes entreprises privées et les plantations villageoises. Les rendements moyens de caoutchouc sec obtenus sur l'ensemble des plantations se situent autour de 1,2 t/ha pour les plantations villageoises et 1,7 t/ha pour les plantations industrielles contre 2 à 2,5 t/ha en station de recherche.

---

[6]Association Interprofessionnelle de la filière palmier à huile (AIPH) // Site : www.alph.ci

Le bilan de la filière Palmier à Huile est le résultat d'une résistance face aux effets de la pandémie qui a frappé tous les secteurs de production. C'est un produit de consommation en CI et dans la sous région.

Quant à l'hévéa, une culture d'exportation capitale pour l'industrie et l'économie ivoirienne. Elle est pratiquée essentiellement au sud de la CI. Le caoutchouc sert dans la production des pneumatiques.

La superficie totale avoisine actuellement les 110.000 ha dont 53% de plantations industrielles et 4,7% de plantations villageoises.

Les évolutions pour ces deux produits sont attribuables aux investissements réalisés, à l'entretien des surfaces cultivées et à l'amélioration des pratiques culturales. Laproduction de caoutchouc s'estime à 1 million t/an7.

L'hévéaculture a une pluralité d'avantages ;

C'est une culture pérenne qui dure longtemps, plus de trente ans. Elle assure une bonne retraite aux producteurs. Plus les années passent, plus l'investissement se rentabilise. Ensuite, l'hévéa produit un revenu mensuel. Les usiniers paient comme des salaires aux producteurs.

Après la troisième année de création de la plantation, l'investissement est complètement amorti. Le traitement de l'hévéaculture n'est pas difficile. Les producteurs paient les seigneurs, les ouvriers qui font l'extraction du latex chaque mois et le livrent aux usiniers.

e) Coton

Le coton, essentiellement pluvial est cultivé sur près de 300.000 hectares principalement dans la zone des savanes, et occupe 150.000 planteurs chaque année.

La production de fibre a atteint un bon niveau,avec un taux moyen d'égrenage de l'ordre de 43,50% figurant parmi les meilleurs taux d'égrenage au monde.

---

[7] Le Figaro avec l'AFP, publié le 23/03/2021
Association des professionnels de caoutchouc naturel de Côte d'Ivoire // Site : www.gouv.ci. La revalorisation des coûts du caoutchouc à un meilleur niveau serait ungrand soulagement pour les producteurs et les acteurs de la filière hévéa qui est génératrice d'emplois.

Aujourd'hui, cette production renoue avec de bonnes performances grâce à une subvention de l'Etat aux producteurs et s'établit entre 700.000 tonnes à 1 Million t/an. Ce bilan affiche une progression stable, selon les associations professionnelles des Sociétés cotonnières. Les industries qui exploitent le secteur sont :

La Compagnie ivoirienne de coton, la Société d'exploitation cotonnière (Seco-Olam), et la Compagnie Ivoirienne pour le développement du textile (CIDT).

Cette production est l'ouvrage de 132.000 producteurs, sur une superficie de 460.000 hectares. Ces données ont été fournies par le 1er Ministre ivoirien SEM.Patrick ACHI à l'occasion de la commémoration du 20è anniversaire de l'Organisation inter-professionnelle agricole de la filière coton (Intercoton)8.

f) Canne à sucre

La production ivoirienne de canne à sucre est essentiellement industrielle. Les exploitations sont conduites en culture pure avec irrigation. Les Leaders de l'industrie de la canne à sucre devraient porter le cumul de la production de la filière à 500.000 mille t/an, en vue d'assurer l'autosuffisance de ladite denrée.

Cette production est le fait de deux principales sociétés agro-industrielles qui sont : Sucrivoire appartenant au

---

[8]Journal d'annonces légales : Inter, N°6076 du 08/10/2021

[8]www.groupesifca.com // www.somdia.com

Le coton est une essence essentielle qui gagne l'Afrique et pénètre aujourd'hui le marché international. Il sert de vêtement comme produit principal en CI : les diversités de pagnes faits dans les industries textiles.

Groupe SIFCA, Ensuite : Su caf-ci, une filiale du Groupe SOMDIAA[9].

g) Anacarde

L'anacarde se cultive dans la moitié Nord de la Côte d'Ivoire. Les superficies emblavées sont de petites tailles généralement comprises entre 0,5 et 4 ha environ.

250 000 exploitants cultivent cette spéculation sur un ensemble de 750.000 ha. Toutefois, les rendements compris entre 240 et 600 kg/ha, sont encore loin des performances enregistrées dans les pays comme la Guinée Bissau, où ils atteignent 1.200 kg/ha. Cette contre-performance est due à la non utilisation à grande échelle de matériel sélectionné et performant.

La capacité de production de l'anacardes'estime à 1Million de t/an. Ce secteur réunit 250 milles producteurs de noix de cajou, regroupés dans une vingtaine de coopératives. Il est géré par le Conseil coton anacarde. L'amende de la noix de cajou est utilisée en cuisine et dans le cosmétique, tandis que sa coque se traduit par plusieurs usages industriels. Le processus de la transformation est en cours.

h) Ananas

La culture de l'ananas est le fait de petits planteurs et de grands groupes agro-industriels. Les petits planteurs disposent de très peu de moyens financiers et sont installés sur de petites exploitations (0,5 à 1 ha).

La canne à sucre est l'un des produits alimentaires bien vendus en CI, en Afrique et hors Afrique. Il est utilisé dans une diversité de variété alimentaire notamment la pâtisserie le café, etc…

Ils produisent 60% de l'ananas exportés. Les rendements moyens obtenus sont de 25 à 30 t/ha. Les grands groupes agro-industriels, disposant de moyens matériels et financiers importants exploitent des superficies généralement supérieures à 50 ha. Leur niveau de technicité élevé leur permet d'atteindre 50 t/ha proche du potentiel variétal actuel (60 t/ha).Le secteur occupe le 2è rang sur le marché européen, après le Costa Rica. Il existe deux variétés d'ananas :

La Cayenne lisse qui se conserve plus longtemps. Ensuite, la MD2, une nouvelle variété très parfumée et sucrée. La période propice de grande production se situe entre Septembre et Janvier. La période qui court de janvier en Août est celle de la moyenne production. L'ananas a une durée de 13 mois du planting à la production, en raison de la saison et de la variété. Les fruits destinés à l'exportation doivent être cueillis 7 jours avantmaturité.

La procédure d'exportation comporte les étapes suivantes :

Le lavage et la désinfection des fruits. C'est l'exemple de l'exportation d'un conteneur de 40 pieds. Il faut un conteneur de 40 pieds qui comporte 20 palettes. Une palette contient un maximum de 75 cartons. Et un carton pèse 11 KG. Alors une palette de 75 cartons = 825 KG.

Donc, le poids net d'un conteneur d'ananas s'estime à 16.500 KG.

Attendu que les fruits sont de poids différents, ainsi, il y a un travail de tri et de calibrage de fruits préalable à établir, avant la mise en carton. Le calibrage s'effectue comme suit :

Calibre A6 = 6 fruits pour un carton/ Calibre A8= 8 fruits par carton/ calibre B9= 9 fruits pour un carton/calibre B10=

10 fruits pour un carton/calibre B12= 12 fruits pour un carton[10].

i) Banane

La production actuelle est essentiellement assurée par des grands groupes agro-industriels représentant des multinationales de bananes. Ces groupes pratiquent la culture intensive avec les moyens importants : installation de système d'irrigation, apport d'intrants (engrais et produits phytosanitaires) et peuvent se mettre en conformité avec les nouvelles réglementations en matière de commerce international.

Cette culture est confrontée au manque d'investissement et à la forte concurrence des pays latino-américains. [11]La Côte d'Ivoire produit autour de 500.000t/an. Les producteurs doivent renforcer les partenariats avec les potentiels acheteurs, notamment l'UE. Ensuite elle doit tirer parti de la zone de libre échange continentale et développer le marché.

---

[10] Ministère du Commerce et de l'Industrie.
Conseil national des exportations // www.cne-ci.org
La culture d'ananas a connu des progrès avec les estimations actuelles de plus de 170.000 T/an. Elle se retrouve au sud de la CI. Elle a des vertus nutritionnelles, surtout riche en vitamine C, avec ses propriétés immunostimulants.

[11]Ministère du Commerce, // Site :www.gouv.ci
La banane est un produit à forte consommation, mais dont la production est encore faible pour assurer l'autosuffisance alimentaire.
La culture ornementale est réalisée dans le sud, région d'Azaguié et le Grand Abidjan.Elle est très importante pour le cadre de vie des Hommes. Elle sert dedécor au paysage, à l'ornementation des habitations. C'est une culture qui entre progressivement dans l'économie du pays..

j) Les productions horticoles ornementales

L'horticulture ornementale ivoirienne actuelle concerne les plantes vertes (1.200 tonnes), les fleurs coupées (2.000 tonnes) et les feuillages. Le secteur s'est développé grâce aux initiatives privées. On note deux catégories d'opérateurs : les gros exploitants au nombre de 17 pour 720 hectares en plein air et 20 hectares sous combrières. Ensuite, les petits producteurs qui sont au nombre de 43, regroupés au sein d'une coopérative dénommée FLORACI, qui exploitent environ 140 hectares. L'horticulture ornementale se pratique dans la moitié sud surtout dans les environs d'Abidjan.

Les travaux en cours du schéma directeur de développement industriel (SDI, programme en cours soutenu par l'ONUDI et la BAD) mettent en exergue un énorme potentiel agricole insuffisamment exploité par l'industrie de transformation.

La transformation des matières premières est en cours. Cela est dû à l''intensification et la diversification des activités productives dans ce domaine de l'économie verte. Cependant, les filières intermédiaires (emballages, matériaux de construction, pièces de rechange, etc.), peuvent constituer un potentiel de développement des investissements privés.

La culture ornementale est primordiale, car elle sert d'esthétique publique, avec ces jardins qui embellissent le paysage des villes. Elle concoure à la lutte contre les érosions et la dégradation de la couche terrestre causée par les eaux de ruissellement. Elle contribue à l'entretien du cadre de vie des populations, et de ce fait participe à la réalisation des objectifs du développement durable environnemental définit par les Nations-Unies (ODD 13, pour lutter contre les aléas climatiques et l'ODD 15 pour la protection des écosystèmes terrestres, en vue du bien être de l'humanité.

D. LE SECTEUR DU TRANSPORT

Ce secteur constitue un pilier de l'économie en Côte d'Ivoire ; par le développement des infrastructures routières, pour désenclaver les zones agricoles et rendre fluide la circulation en zone urbaine. Ensuite, la modernisation du trafic ferroviaire et maritime participe au transport des biens et services vers le marché de consommation.

a) Le trafic aéroportuaire

Depuis sa certification en 2016, l'aéroport Félix Houphouët-Boigny d'Abidjan accueille en moyenne deux (2) millions de voyageurs par an. Le 16 Juin 2021, la Côte d'Ivoire a accueilli une nouvelle compagnie aérienne, avec l'ouverture d'une ligne directe. Cette compagnie est dénommée Qatar Airways[12].

Ce résultat est dû à la restructuration de l'aéroport Félix Houphouët-BOIGNY d'Abidjan, à la fourniture des services de qualité des différentes entreprises concessionnaires de l'aéroport d'Abidjan. Ce qui a permis aujourd'hui d'enregistrer ces progrès. L'Etat dans sa quête de résultats performants dans le trafic aérien s'est doté d'un code de l'aviation civile par ordonnance n° 2008-08 du 23 Janvier 2008. La flotte Air Côte d'Ivoire a été renforcée. La

---

[12]Ministère du Transport 18/06/2021.
Le rayonnement de l'aéroport F.H.B est le résultat des réformes de modernisation des services et des infrastructures, avec un système de sécurité qui rassure les voyageurs et les opérateurs économiques du secteur aéroportuaire.

fréquence hebdomadaire des vols à l'aéroport d'Abidjan a permis d'accroitre les résultats des Sociétés qui y exercent.

Le flux de passagers pourraient en perspective augmenter à quatre (4) millions grâce à certains indicateurs tels que :

Le développement du tourisme, l'émergence de la classe moyenne de la population, due à l'employabilité, et à l'extension de la couche des jeunes entrepreneurs. Les coûts des billets d'avion sont stables, car les taxes sur les dits billets sont raisonnables.

Ensuite, il y a la poursuite de nouveaux investissements, l'existence d'un cadre juridique et réglementaire actualisé, un dispositif fiscal adapté au contexte rendent au secteur son dynamisme.

Plusieurs acteurs interviennent dans le secteur aéroportuaire.

b) Les entités sous tutelle

L'ANAC : Agence Nationale de l'Aviation Civile de Côte d'Ivoire. C'est une autorité administrative indépendante, dotée d'une personnalité morale et d'une autonomie de gestion. Cette entité est placée sous la hiérarchie du Ministère des Transports. Elle assure pour le compte de l'Etat, une mission de surveillance de sécurité aéroportuaire et de l'aviation. Elle régie également la réglementation du contrôle.

La SODEXAM : Société d'Exploitation et de Développement Aéroportuaire, Aéronautique et Météorologique. C'est une Société d'Etat. Elle assure également, la gestion de l'exploitation et du développement de l'aéroport. Elle assure la supervision des activités des concessionnaires de l'aéroport Félix Houphouët-Boigny d'Abidjan, en conformité avec leurs cahiers de charges.

c) Les concessionnaires :

AERIA : Aéroport International d'Abidjan

Son rôle est d'assurer la mise aux normes de la piste d'atterrissage pour l'accueil d'Airbus 380, le réaménagement de la zone de départ avec un salon business et un restaurant Air lounge Café offrant. Elle assure un confort tranquillité et un accueil privilégié aux passagers. AERIA fournit à l'aéroport un espace aux entreprises qui désirent avoir une proximité avec l'aéroport pour y exercer ou présenter leurs produits ou prestations.

NAS Ivoire : C'est le fournisseur exclusif d'assistance en escale, à l'aéroport International FHB. NAS Ivoire assure les services aux passagers, les opérations au sol, la gestion du fret aérien, la sureté aéroportuaire, les services d'ingénierie et l'entretien en ligne, les technologies aéroportuaires, le centre de formation des métiers de l'aviation.

ASECNA : Agence pour la Sécurité et la Navigation Aérienne en Afrique et à Madagascar. C'est un établissement public international régi par la convention de Dakar.

Son rôle : La fourniture des services de la navigation aérienne, l'organisation des espaces aériens et des routes aériennes en conformité avec l'OACI. (Organisation de l'Aviation Civile Internationale). Elle assure la fourniture des services de circulation aérienne au niveau des aérodromes.

AVISECURE : C'est une Société qui assure le système de sécurité de vidéosurveillance, de contrôle d'accès, des scanners portiques et du contrôle documentaire.

La Société Sécuriport : C'est le fournisseur du système intégré de l'identification de contrôle biométrique des passagers, et de gestion de l'immigration aux frontières.

De nombreuses compagnies aériennes desservent la Côte d'Ivoire. Ce sont :

Air Côte d'Ivoire, Air France, Turkish Airlines, Emirates, Brussels Airlines, Corsair International, Kenya Airways, Royal Air Maroc, South African Airways, Tap Air Portugal, Air Burkina, Air Algérie, Asky Airlines, Tunis Air, DHL Cargo.

La compagnie AIR CÔTE D'IVOIRE

Les activités de la compagnie AIR CÔTE D'IVOIRE vont bon train. Dans le cadre de l'extension de son exploitation, cette compagnie a renforcé sa flotte.Le paysentend faire de la compagnie AIR CÔTE D'IVOIRE, le leader du transport aérien de la sous-région. Air Côte d'Ivoire ambitionne d'ouvrir des lignes sur l'Europe et le reste du monde par l'acquisition d'équipements nouveaux et performants, ainsi que l'investissement pour acquérir un carburant d'aviation durable, afin d'atteindre les objectifs de réduction des émissions de carbones.

Tout opérateur qui désire exercer dans le trafic aérien devra obtenir un Agrément du transport aérien[13].

d) Le trafic portuaire

Le Port d'Abidjan couvre des activités intenses. Le Port approvisionne les pays voisins : Le Burkina Faso, le Mali

[13] Ministère des Transports, Bloomfield Investment Site : www.gouv.ci

et le Niger. Le trafic global s'évalue à 30 Millions t/an de marchandises.

Le Port Autonome d'Abidjan est un établissement public administratif à caractère industriel et commercial (EPIC). 1.500.000 Conteneurs sont traités chaque année. Les produits portent sur : le cacao, le café, l'hévéa, la banane, le coton, la noix de cajou, la mangue, la papaye, l'ananas. Il y a également les BTP (Bâtiments et Travaux publics) pour les grands travaux d'infrastructures, ensuite le transport de divers produits dont les hydrocarbures. Le Port d'Abidjan s'est doté de son 2è terminal à Conteneurs et d'un terminal céréalier en fin 2022. Il est aussi prévu l'extension d'un réseau routier.

Le Port d'Abidjan enregistre plusieurs trafics ci-après :

Le trafic des marchandises (T), le trafic national des produits de pêche (T),

Le trafic national des produits pétroliers (T), le trafic en transit (T) , le trafic des conteneurs (EPV), le trafic de transbordement (T), le trafic des escales navires (en nombre). L'entreprise concessionnaire du 2è terminal portuaire est le Groupe Bolloré Logistics. Ce terminal a une superficie de 375 Hectares, 6 portiques de quai, 13 portiques électriques de parcs, 36 tracteurs portuaires électriques pour la manutention des conteneurs. Ce terminal a la capacité de traiter 1.500.000 conteneurs par an. Il accueillera des navires de 16mètres de tirant d'eau transportant 12.000 EPV. Doté d'un quai de 1.100 mètres, avec un tirant d'eau de 18 mètres, ce terminal peut accueillir des navires de dernière génération. La construction de l'infrastructure est revenue à la Société China Harbour Engineering Compagny (CHEC). Le port d'Abidjan abrite plusieurs activités, Groupes d'entreprises et usines. Les grands Groupes sont : SDV-SAGA qui assurent le transit maritime et aérien, le Service ferroviaire et routier, la manutention et l'entreposage.

SETV (Société d'Exploitation du Terminal de Vridi) : un terminal à conteneur du Port Autonome d'Abidjan.

SITARAIL exploite la ligne de chemin de fer reliant Abidjan-Ouagadougou.

Les perspectives sont bonnes pour les acteurs du trafic maritime et pour l'économie ivoirienne. Les autorités portuaires ambitionnent de procéder :

A l'élargissement de la passe d'entrée du canal de vridi. Ce qui permettra l'entrée des navires de 300 mètres de long 24 h/ 24 h et à toute condition de la marée. Ensuite, il sera réalisé un ouvrage de franchissement, des plateformes logistiques, de nouveaux entrepôts et terminaux. Et enfin, une zone franche industrielle et commerciale sera créée.

L'extension du port et du développement des activités portuaires d'Abidjan et de San-Pedro constituent un potentiel d'investissement porteur en Côte d'Ivoire[14].

E) LE SECTEUR BANCAIRE

Le secteur bancaire est en pleine croissance.. Cette performance a été obtenue grâce auxinvestissements réalisés dans les secteurs sociaux, les infrastructures économiques, par les financements des banques.

Le rayonnement du secteur bancaire est le résultat des efforts l'APBEF-CI. Le Gouvernement a engagé des

---

[14] Ministère du Transport, Direction du Port d'Abidjan // Site : www.gouv.ci
Le secteur portuaire avec l'accroissement devolume des activités est un potentiel de production de ressources stables pour le pays et surtout un facteur important d'employabilité regroupant une diversité de catégories professionnelles.

réformes devant conduire à la transformation structurelle de l'économie ivoirienne par la mise en œuvre du Plan national de développement, dans la vision du progrès de la Côte d'Ivoire.

. Ces bases de données traduisent la bonne santé du secteur bancaire ivoirien et sont encourageant pour les investisseurs étrangers.

Il y a trois (3) groupes de banques en Côte d'Ivoire selon la nature des opérations **(décret n° 92-311 du 15 Mai 1992**).

Ier groupe : Ce sont les établissements de crédit qui effectuent des opérations de prêts, d'escompte, de prise de pension, d'acquisition de créances, de financement de vente à crédit ou de crédit-bail ;

2è groupe : Les établissements de placement financier qui font des prises de participation dans les entreprises existantes ou en formation, ou en acquisition de valeurs mobilières émises par des personnes publiques ou privées.

3è groupe : Les autres établissements financiers qui effectuent des opérations de vente à crédit ou de change, d'intermédiaires en qualité de commissionnaires, courtiers et de placement.

Le système bancaire est concentré autour de cinq (6) banques et 32 établissements qui détiennent 75% des encours de crédit. Il comprend :

Les grandes banques qui ont un bilan supérieur à cent (100) milliards FCFA/an, soit deux cent (200) millions de dollars/an;

Les banques de tailles moyennes dont le bilan est compris entre cinquante (50) et cent (100) milliards FCFA/an, soit entre cent (100) et deux cent(200) millions de dollars/an ;

Et les petites banques ayant un bilan inférieur à cinquante (50) milliards FCFA/an, soit inférieur à cent (100) millions de dollars/an.

La structure bancaire est dominée par les crédits à court terme, à moyen terme et à long terme. Les encours de crédits accordés aux PME se sont améliorés. Le marché bancaire affiche une ration de solvabilité progressif.

Présentation de la structure du système bancaire :

Le système bancaire repose sur un fonctionnement solide. Il progresse de façon structurée.

La BCEAO : La Banque Centrale des Etats d'Afrique de l'Ouest est le garant de la politique monétaire de l'UEMOA (Union Economique Monétaire Ouest Africain). La BCEAO assure la régulation des activités des banques qui exercent sur le territoire ivoirien. Elle travaille en étroite collaboration avec l'Etat ivoirien par le Ministère des Finances. Une convention conclue par les Etats membres de l'UEMOA à Ouagadougou aboutit à la création de la Commission bancaire de l'UEMOA en 1990. Elle a pour rôle d'assurer la surveillance des activités bancaires de la zone UEMOA. La Commission accorde ou retire l'agrément aux établissements financiers ou bancaires, en collaboration avec le Ministère de tutelle.

Plus de Vingt-neuf (29) banques exercent en Côte d'Ivoire :

La Générale (SGBCI), Banque française est la 1ère banque pionnière avec unepart importante du marché. Elle détient le plus grand réseau d'agences sur le territoire ivoirien.

Ensuite, vient la BICICI, une banque française ; la France étant le partenaire historique de la Côte d'Ivoire, dans le secteur bancaire. Ecobank suit dans la ligne avec une importante part du marché, et des agences représentées sur l'ensemble du territoire.

La Banque Atlantique est une concurrente très sérieuse, car solidement implantée en Côte d'ivoire avec de nombreuses agences et un portefeuille clientèle important à son actif. La Citibank est l'une des banques très solide au monde qui exerce également en Côte d'Ivoire.

La 1ère banque ivoirienne est la NSIA Banque. Elle a connu un accroissement de ses activités. Cela se révèle par l'acquisition du réseau de la Diamond Bank.

La Standard Chartered est la plus grande banque en ligne. Elle est 100% digitale. Elle propose des produits et services digitalisés à sa clientèle. Ecobank et la SGBCI ont aussi entamé le processus de digitalisation des services au bénéfice de leurs clients. Au nombre des banques, nous comptons, Coris Bank d'origine Burkinabé, la BMS du Mali, UBA du Nigéria, Bank Of Africa, une banque africaine multinationale et filiale du Groupe marocain BMCE (Banque marocaine du commerce extérieur).

La Guaranty Trust Bank (GT Bank) est du Nigéria.

Selon le prestigieux magazine américain, Global Finance dans sa publication portant sur les performances des banques d'Afrique, Bridge Bank est l'une des meilleures banques, par la qualité supérieure de ses services.

Les critères d'éligibilité sont les suivants :

- Capacité de la banque à gérer de façon optimale, la liquidité,

- L'accès aux crédits, basé sur l'analyse des secteurs de l'économie du pays où la banque exerce,

- La croissance du bilan et la rentabilité,

- La croissance du portefeuille client,

- La prise en compte des besoins du client comme priorité,

- La solidité financière et les conditions optimales de sécurité,

- La compétitivité,

- Et l'innovation dans les produits et services offerts aux clients,

La bonne gouvernance (Gestion) dans le strict respect des normes internes et règlementaires.

Il y a donc de la place pour les nouveaux investisseurs dans le secteur bancaire[15].

F. LE SECTEUR DE L'ENERGIE

Le secteur de l'énergie qui est au cœur des objectifs du développement durable (ODD7) tels que définis par les Nations-Unies est en pleine expansion. Ainsi, le Gouvernement ivoirien a décidé de doubler la capacité de production de l'électricité, afin de répondre à la demande

[15]Magasine Global Finance 2021, Ministère des Finances, BCEAO // Site : www.finances.gouv.ci
Le secteur bancaire par la sensibilisation des populations réalise chaque année un taux de bancarisation évolutif. Ce qui réduit la gestion informelle de plusieurs entrepreneurs et améliore leur trésorerie. De nombreux citoyens attendent que les banques accompagnent les entreprises et entrepreneurs porteurs de projets à les convertir en investissements et contribuer à la création d'emplois.

croissante des populations et couches socio professionnelles.

A cet effet, un code de l'électricité a été promulgué en 2014. La production de l'électricité repose sur un systèmedont 60% de l'électricité du pays est issue de centrales thermiques et 40% est issue de centrales hydrauliques. En vue de répondre aux objectifs fixés, la Côte d'Ivoire ambitionne de construire de nouvelles centrales thermiques à gaz, des barrages hydrauliques et développer le réseau électrique national.

Le projet de l'énergie solaire est aussi au cœur du programme du Gouvernement ivoirien. Il s'agit de l'injection du 1er KWH solaire sur le réseau électrique national, ainsi que la libéralisation du secteur de l'électricité, en vue de placer la Côte d'Ivoire comme un acteur clé du système d'échange d'énergie électrique ouest africain. La Côte d'Ivoire entend réaliser ce programme en faisant passer sa capacité énergétique globale à 4000 Mégawatts.

La privatisation du secteur de l'électricité a donné confiance aux investisseurs, eu égard aux résultats réalisés dans le secteur.

La centrale d'Azito a investi dans de nouvelles turbines à vapeur ; faisant de la Côte d'Ivoire, le 1er pays à adopter le cycle combiné. C'est une technologie moins polluante, permettant la fourniture d'électricité bon marché.

Elle permet également de faire face aux besoins de capacité de production des barrages hydroélectrique, causée par la réduction des ressources en eau, conséquence du changement climatique. La Côte d'Ivoire entend faire face à une demande croissante en énergie par le gaz. A cet effet, l'Etat a décidé d'investir dans l'extension des champs de gaz naturel.

Dans le cadre de l'initiative du Groupe de la Banque mondiale, Scalling Solar IFC (Compagnie Financière Internationale) soutient le développement de deux partenariats public-privé, pour la construction de 60 mégawatts d'énergie solaire en Côte d'Ivoire.

Aujourd'hui en Côte d'Ivoire, l'énergie est produite à 70% et distribuée à 100% par les opérateurs privés. Le réseau devrait couvrir 99% de la population dans un futur proche et 42% de l'énergie produite sera renouvelable.

La Banque Mondiale soutient la compétitivité du Grand Abidjan et l'amélioration des résultats financiers du secteur de l'électricité.

Ainsi, la Côte d'Ivoire rejoint le programme Scalling Solar du Groupe de la Banque Mondiale pour développer des sources d'énergie propres[16].

G. LE SECTEUR IMMOBILIER

Le secteur immobilier a connu une accélération. Il s'agit de la construction vente, la location d'immeubles à plusieurs appartements, de villas Duplex ou Triplex, la location-vente c'est-à-dire le crédit-bail ou leasing de logements.

Des complexes commerciaux se sont développés : SOCOCE, CAP SUD, CAP NORD, ABIDJAN MALL. En

---

[16]Banque Mondiale Côte d'Ivoire

Le secteur immobilier lourd en investissement devra poursuivre sa modernisation. Que les nombreux acteurs dans l'informel soient recensés, qu'ils aient des cartent professionnels et un statut juridique protégeant leurs droits (les apporteurs d'affaires, appelés démarcheurs), tout commissionnaire, les acquéreurs et vendeurs de biens immeubles, promoteurs immobiliers doivent se conformer aux procédures légales dans leurs actions pour leur bien.

marge de ces nouvelles tendances, s'ajoutent les complexes culturels tels que :

Le Palais de la Culture de Treichville, la vitrine des évènements culturels, et le Parc d'Exposition de Port-Bouet, d'une grande capacité avec ses salons de foires, des salles d'exposition et de congrès. Le secteur immobilier se concentre sur les zones d'Abidan, Bingerville, Grand-Bassam, Assinie, Songon, la nouvelle zone industrielle PK 24, Brassivoir-Attinguié-Elibou-Ebimpé-Bodo et Sikensi.La demande est chaque année plus élevée que l'offre, ce qui justifie la flambée des couts des loyers.

Une structuration du secteur immobilier est nécessaire, en vue de réduire au maximum, les cas d'abus de confiance et sanctionner les auteurs des agissements contraire à la loi. Ensuite, que les personnes qui y exercent sortent de l'informel et se conforment à la légalité. A cet effet, les acteurs du secteur doivent mieux s'organiser, afin dedéfendre les droits de cette corporation. Les agents immobiliers doivent porter un identifiant légal présenter publiquement.

Procédure d'acquisition de biens immobiliers :

Il est important de conseiller aux personnes qui désirent acheter des sites (parcelles) pour construire ou pour l'acquisition des bâtiments déjà construits, de s'attacher aux Cabinets de conseils juridiques en vue de :

Procéder aux différentes vérifications des documents administratifs auprès des services de l'Etat (Ministère de la Construction et du Logement, Direction Générale des Impôts) pour voir l'authenticité des documents et la situation des biens immeubles avant toute transaction.

Dans l'hypothèse où ces documents sont des titres provenant des autorités traditionnelles,

Il est nécessaire de procéder à la vérification des titres villageois (lettres d'attribution villageoises, attestations d'usage de droit coutumier, documents d'approbation) auprès des chefferies pour recueillir la confirmation de l'authenticité des dits documents, avant toute transaction.

Ensuite, toute vente ou acquisition de biens immeubles tels que les terrains (sites), les bâtimentsdevra être réalisée par devant Notaire sous peine de nullité de la vente, pour vice de procédure.

Ces différentes procédures ont pour objet :

De connaître l'état foncier du bien immeuble, afin de savoir si le bien est sous une hypothèque ou non,

Si le propriétaire du bien immeuble est à jour de l'impôt foncier,

Si le nom et les prénoms du vendeur ou Bailleur (bail à construction) sont réellement mentionnés sur les documents administratifs à la conservation foncière, et au cadastre,

Si le bien immeuble n'a pas déjà été vendu à plusieurs acquéreurs. Ensuite, savoir si le bien n'est pas litigieux.

Si le bien ne tombe pas dans une indivision. Dans ce cas, il faudra recueillir le consentement de tous les cohéritiers avant de mettre le bien immeuble en vente. Cela fait éviter le scénario des oppositions à la vente, ou la déclaration judiciaire de la nullité de la vente pour vice de consentement des coindivisaires, c'est-à-dire les cohéritiers ou les ayant droits, qui exercent concurremment un droit sur le bien immeuble.

C'est pourquoi la vente d'un bien immeuble doit faire l'objet d'une publicité foncière. Cela permet à toute personne qui pense exercer un droit sur le bien immeuble de produire ce droit de façon légitime.

Lorsque le bien immeuble (site/parcelle ou bâtiment) a franchi toutes ces étapes procédurales et processurales, alors, il pourra faire l'objet d'une vente normal, car, il remplit toutes les conditions de procédure.

Ensuite, la construction d'un bien immeuble se réfère aux conditions suivantes :

Il faut recourir à un Architecte, un bureau de contrôle et obtenir un permis de construire.

L'HOTELLERIE

L'Hôtellerie est une activité en plein succès en Côte D'Ivoire. Ce sont de grands aux petits complexes modernesà savoir : Sofitel Hôtel,l'Hôtel Ivoire, Radisson Blue Hôtel, L'Hôtel Tiama, Le Sylver Moon Hôtel.

H. LE SECTEUR DE LA TELECOMMUNICATION

1) Description du secteur

C'est un secteur porteur en Côte d'Ivoire. Il est dominé parla téléphonie fixe, la téléphonie mobile et l'internet. C'est un marché en nette croissance et à forte valeur ajoutée.

2) Présentation des opportunités d'investissements

Les opportunités d'investissement sont multiples et mentionnées dans l'ordre ci-après :

- Développement des hubs technologiques ;

- Construction d'infrastructures de dernière génération ;

- Conception de solutions informatiques innovantes

- Distribution et vente de terminaux d'accès informatique au grand public.

3) Le potentiel du secteur

Ce secteur se développe très vite eu égard aux besoins du marché, et de l'insuffisance dans la fourniture des services, ce qui justifie son attractivité.

- Taux de pénétration du mobile supérieur à 100%

4) Les acteurs du secteur

- Le Ministère de la Communication et de l'économie numérique ;

- L'Autorité de régulation des télécommunications/ TIC (**ARTCI**) ;

- L'Agence nationale de Services universels des télécommunication (**ANSUT**) ;

- L'Agence de gestion des fréquences radioélectriques (AIGF)

- Le Village des technologies, de l'information et de la biotechnologie.

II.FISCALITE

A. Au titre du code des investissements

L'Administration fiscale de la République de Côte d'Ivoire offre un catalogue de privilèges fiscaux aux investisseurs locaux et surtout étrangers suivant le code des investissements et le code général des impôts.

Les entreprises étrangères reçoivent un traitement équitable au même titre que les opérateurs locaux (Art 25-26-27 Code Invest). Elles ont un accès libre aux devises, en vues de leurs opérations financières, ainsi qu'aux matières premières pour leurs industries ou commerces.

Les entreprises agréées bénéficient pour la réalisation de leur programme d'investissement inhérent à la création ou au développement d'activités, des privilèges ci-après énumérés :

- Réduction de 50% du montant des droits de douane portant sur les équipements et matériels ainsi que sur le premier lot de pièces de rechange ;

- Exonération totale de la TVA.

La valeur du 1er lot de pièces de rechange doit représenter au maximum une proportion de 10% de la valeur d'acquisition des pièces d'équipement (Art 45 code d'investissement)

Les avantages liés aux entreprises déclarées varient en raison de la zone d'investissement.

Le territoire ivoirien est divisé en trois (3) zones :A- B-C:

Cinq (5) ans pour les investissements réalisés en zone A

Huit (8) ans pour les investissements réalisés en zone B

Quinze (15) ans pour les investissements réalisés en zone C.

Ainsi, les entreprises admises au régime de déclaration bénéficient pour la réalisation de leurs investissements relatifs à la création d'activités, des privilèges ci-dessous mentionnés :

1. *Investissements réalisés en zone A:*

(Article 46 du code des investissements)

- Exonération de l'**IBIC** (impôt sur le bénéfice industriel et commercial) ou du **BNC** (impôt sur le bénéfice non commercial) ou de l'impôt sur le bénéfice agricole ;

- Exonération de la contribution des patentes et licences.

2. *Investissements réalisés en zone B :*

- Exonération sur le BIC ou le BNC ou de l'impôt sur le bénéfice agricole ;

- Exonération de la contribution des patentes et licences;

- Réduction de 80% du montant de la contribution à la charge des employeurs, à l'exclusion de la taxe d'apprentissage et de la taxe additionnelle à la formation continue.

3. *Investissements réalisés en zone C :*

- Exonération sur le BIC ou du BNC ou de l'impôt sur le bénéfice agricole ;

- Exonération de la contribution des patentes et licences;

- Réduction de 90°/° du montant de la contribution à la charge des employeurs à l'exclusion de la taxe d'apprentissage et de la taxe additionnelle à la formation professionnelle continue.

La zone A représente le District d'Abidjan ;

La zone B représente les agglomérations ayant une population égale ou supérieure à soixante (60000) mille habitants ;

La zone C représente les agglomérations ayant une population de moins de soixante (60000) mille habitants.

Les entreprises étrangères (personnes physiques ou morales) reçoivent un traitement identique et égalitaire avec les entreprises (personnes physiques ou morales) ivoiriennes (Art 6) du Code des investissements.

L'accès aux devises dans le cadre du fonctionnement des entreprises est illimité pour tout investisseur (Art 8) du code des investissements.

L'Etat de Côte d'Ivoire protège les droits de propriété intellectuelle, notamment les brevets, les marques et noms commerciaux.

La liberté d'accès aux matières premières brutes ou semi-finies produites sur le territoire national est garantie à tout investisseur (Art 13) du code des investissements.

L'Etat de Côte D'Ivoire réalise et facilite l'accès des investisseurs à des zones industrielles aménagées, des terres agricoles et à des zones d'intérêts touristiques ; et prend des mesures de sécurité nécessaires pour protéger les investissements réalisés dans les zones concernées[17].

---

[17] Ordonnance n° 2018-646 du 1er Août 2018 portant code des investissements.
Les demandeurs d'exonérations dans le cadre d'investissement ou de la gestion de leurs exploitations doivent introduire une demanded'exonération à l'Etat (Ministère de l'Economie), préciser le motif de la demande et les impôts objet d'exonération.

B. Au titre du code général des impôts

Le système fiscal ivoirien est déclaratif. C'est le contribuable lui-même qui déclare son impôt qui sert d'assiette à l'imposition. L'Administration fiscale ne soumet à aucune pression les contribuables et ne perturbe en aucune manière leurs activités. C'est un privilège d'exercer sans aucune pression du fisc. Seulement, ces déclarations qui bénéficient de la présomption d'exactitude de la part de l'Administration fiscale, doivent être conformes à la réalité afin que le contribuable ne soit pas sanctionné en cas de contrôle et de découverte de fausses déclarations, conformément aux lois fiscales (Code Général des Impôts et Code de Procédure Fiscale)

Les entreprises nouvelles déclarent l'impôt minimum forfaitaire dans le cadre de leur 1er exercice comptable.

1. Les régimes d'imposition :

Cinq (5) régimes d'imposition coexistent, selon l'article 33 de l'annexe fiscale 2021.

Ils sont ci-dessous mentionnés :

a) La taxe communale de l'entreprenant (TCE)

Elle est régie par la commune et concerne les contribuables ayant un chiffre d'affaires (CA) n'excédant pas cinq (5) Millions FCFA. Le taux est de 2% sur le chiffre d'affaires pour les commerçants et 2,5% pour les activités industrielles, artisanales et de prestations de services.

La TCE remplace la taxe forfaitaire. Le chiffre d'affaires est l'ensemble des prestations ou produits vendus sur une période déterminée. Cette taxe est représentative de la contribution des patentes et des licences, des taxes communales etdes ITS, Ce régime fiscal n'est pas soumis à la TVA. Il s'applique aux PME.

Obligations comptables

Les contribuables ayant un chiffre d'affaires (CA) supérieur à 2 Millions Fcfa doivent tenir un cahier de recettes et de dépenses. Les opérations y sont chronologiquement notées. Ces documents doivent être conservés, pour les besoins de contrôle des Agents des collectivités territoriales ou des services des impôts.

La taxe est calculée annuellement par fraction de 12è et payée au mois. Les commerçants et artisans qui exercent leur profession dans les marchés, dans les rues (les ambulants), ayant un chiffre d'affaires inférieur à 1.200.000 F doivent s'acquitter de la taxe forfaitaire journalière, déterminée par le Conseil Municipal, qui précise l'assiette et la quotité.

Réformes fiscales : Régime TCE

Inscriptions des taxes et redevances sur un bordereau nommé : **Bordereau de lataxe TCE** à remettre aux entrepreneurs pour connaître leurs taxes précises à payer au service des recettes de la Municipalité.

Affecter un numéro identifiant à chaque Agent de recouvrement de la Mairie, afin que les Entrepreneurs des marchés, magasins puissent vérifier dans les services de la Municipalité que ces Agents sont reconnus des services des recettes de la Municipalité.

b) La taxe d'État de l'entreprenant (TEE)

La taxe TEE se substitueà l'impôt sur le bénéfice, lapatente et à la TVA (Art 72 CGI). Les entreprises de commerce ou les prestataires de services n'ont pas besoin de produire une attestation d'exonération de TVA à l'occasion des opérations de commerce ou de prestation à l'appui des factures normalisées. La mention TEE exonérée de la TVA peut figurer au bas de la facture normalisée pour précision, l'exonération étant légale, textuelle. Cette taxe est calculée annuellement par fraction de 12è et payable au mois ou par an.Elle se rapporte aux contribuables ayant un chiffre d'affaires compris entre 5.000.001 et 50.000.000 FCFA. Le taux est de 4% du chiffre d'affaires applicable aux commerçants, et 5% pour les industries, artisans et prestataires de services. Ce taux est réduit de moitié pour les adhérents aux CGA.

La TEE remplace l'impôt synthétique et est régie par les centres d'impôts. Les impôts du régime TEE : L'impôt TEE, le FDFP, l'ITS.

L'impôt est payé au mois par le contribuable.

c) Le régime des micro entreprises(RME)

Il vise les contribuables qui ont un chiffre d'affaires compris entre 50.000.001 et 200.000.000 Fcfa. Le taux applicable sur le chiffre d'affaires est de 7% réduit de 5% pour les adhérents des CGA. Ce régime est géré par les centres d'impôts.

Les impôts du régime micro entreprise sont : L'impôt RME ; L'ITS, le FDFP.

L'impôt est réglé au mois par le contribuable.

d) Le régime simplifié d'imposition (RSI)

Ce régime d'imposition s'applique aux entreprises dont le chiffre d'affaires annuel est compris entre 200.000.001 et 500.000.000FCFA. Le contribuable paie ses impôts suivant le trimestre. Les impôts concernés au RSI sont :

- TVA,
- Patente,
- ITS,
- FDFP,
- TSE.

L'impôt est payé par trimestre.

e) Le régime réel normal d'imposition (RNI)

Il est régi par la Direction des moyennes entreprises, pour les entreprises dont le chiffre d'affaires est compris entre 500.000.001 et 3 Milliards FCFA.

Il est aussi régi par la Direction des grandes entreprises pour les contribuables dont le chiffre d'affaires ttc est supérieur à 3 Milliards FCFA.

Le contribuable paie ses impôts soit au mois ou suivant le trimestre.

Les impôts concernés :

-TVA,
- Patente,
- FDFP,
- ITS,
-TSE.

Toutefois quelques aménagements ont été opérés pour faciliter l'application des nouveaux régimes d'imposition tels que le régime des mirco-entreprises, institué par l'article 33 de l'annexe fiscale portant loi de finances 2021. Ceci est décrit au titre des mesures n° III de l'annexe fiscale à la loi de finances n° 2021-899 du 21 Décembre 2021 portant budget de l'Etat pour l'année 2022, entrée en vigueur le 04 Janvier 2022. Des difficultés dans la mise en œuvre de ces régimes par les entreprises ont conduit l'Administration fiscale à ces aménagements.

Ainsi, le taux prévu pour la détermination de l'impôt des micro-entreprises a été réduit de 7% à 6%. Et ces dites entreprises ont la possibilité de se faire assister par les Centres de Gestion Agréés, en abrégé CGA. Dans ce cas, le taux de l'imposition est ramené à 4% au lieu de 5%18.

2) Le paiement des déclarations de façon numérique

Le règlement des déclarations a été simplifié au moyen de l'introduction d'un système de paiement numérique dénommé le **e-portail**. Cette application informatique réalisée par la Direction Générale des Impôts de Côte d'Ivoire et dont le lancement a été fait le 12 Avril 2017, est désormais à la disposition des entreprises. Le portail fiscal permet aux entreprises de souscrire leurs déclarations en ligne à partir d'une connexion internet.

---

[18] Article 33 de l'annexe fiscale à la loi de finances n° 2020-972 du 23 Décembre 2020 portant budget de l'Etat pour 2021 ;
Annexe fiscale 2022
Le règlement numérique des déclarations fiscales allègent les tâches des contribuables(entrepreneurs), cela leur fait l'économie du temps, et ils peuvent gérer d'autres obligations. Les contribuables au régime de l'impôt synthétique doivent faire modifier leur régime d'imposition pour le régime TEE, ainsi que les contribuables au forfaitaire se mettrons au TCE, en raison de leur chiffre d'affaires.

Le portail '' **e-impôt** '' offre de nombreux avantages aux entreprises contribuables, et aux investisseurs.

Ce télépaiement fait éviter le déplacement du contribuable, qui peut faire le paiement de ses impôts de façon numérique depuis le siège de son entreprise avec un code sécurisé que l'Administration fiscale lui affecte. Cela contribue énormément à la modernisation de l'Administration fiscale ivoirienne, dans le cadre de la facilitation des investissements nouveaux en Côte d'Ivoire.

Les entreprises ou sociétés qui investissent en Côte d'Ivoire tout ou partie de leurs bénéfices, peuvent obtenir une réduction sur le BIC, ou l'impôt sur le bénéfice agricole, à condition que ces entreprises réalisent un investissement portant sur une activité nouvelle, ou sur le développement d'une activité existante (extension, diversification, modernisation).

Que l'investissement soit égal au moins à 10 000 000 FCFA, soit 20 000 Dollars.

Sont exonérées de l'impôt dénommé contribution de patente :

Les entreprises constituées pour réaliser un programme de construction de logements à caractère économique et social, dans l'année ou elles commencent l'exercice et pendant les deux années suivantes[19].

Tout Chef d'entreprise qui désire obtenir une exonération de certains impôts devra introduire la demande auprès des services de l'Etat, notamment le Ministère de l'Economie et des Finances. Le contribuable devra préciser

---

[19] Direction Générale des Impôts, Site : www.dgi.gouv.ci
Les Chefs d'entreprises ne doivent pas craindre le contrôle fiscal. Cela permet d'éviter les erreurs dans la liquidation des charges fiscales et participe à la bonne gestion de l'exploitation.

le motif de sa demande et indiquer la nature des impôts concernés.

La TVA

C'est une taxe qui s'applique à une dépense, sur tous les biens et services sauf les cas d'exonération légale. Elle est incorporée sur le prix des marchandises ou services. Elle ne s'applique pas aux activités bancaires et financières, qui relèvent de la taxe sur les opérations bancaires, ensuite sur les opérations d'assurance qui relèvent de la taxe sur les contrats d'assurance.

Les exonérations (Article 355 CGI)

Certaines opérations sont hors du champ d'application de la TVA telles que :

Les transports routiers, ferroviaires, fluviaux, maritimes, aériens, lagunaires de voyageurs et de marchandises. Ces exonérations exclues : les transports spécialisés à savoir :

(Le convoyage de fonds, le remorquage de véhicules accidentés, ou en panne, le transport rapide des colis, Art 344 CGI) ,

Suite des exonérationsde l'article 355:

les opérations des compagnies d'assurances, et les commissions d'intermédiaires d'assurances, les cessions d'immeubles, de fonds de commerce soumises aux droits de mutations perçues par la Direction de l'enregistrement, les aliments pour bétails et animaux de basse-cour, les bacs de fermentation et les bâches de séchage fabriqués en polyéthylène pour le traitement du cacao vendu spécialement aux agriculteurs, les insecticides, fongicides, herbicides, et anti-rongeurs pour l'entretien des plants, les engrais, les ventes de timbres et papiers timbrés, (sauf les timbres de collection vendus par des négociants),

les ventes effectuées par les aviculteurs, les horticulteurs, les pisciculteurs et des produits de leur exploitation, les opérations de congélation portant sur le poisson, les honoraires du corps médical et les soins médicaux (sauf les soins d'esthétique et de beauté), les activités d'enseignement, les produits alimentaires ou bruts non transformés ou non cuisinés :

- Le riz (sauf le riz de luxe), le maîs, le blé, l'igname, la patate, le manioc, la pomme de terre, le mil, le sorgho, le tarot,

- L'arachide, le haricot, le soja, le sésame, le petit poids,

- L'oignon, la tomate, l'aubergine, le gombo, le piment, le chou, et autres légumes et produits maraîchers,

Les produits pétroliers

- Carburant : le Fuel-oil 380, Heavy Oil,

Les associations religieuses reconnues par le Ministère des cultes,

Les produits pharmaceutiques

- La viande à l'état frais, le poisson non transformé (frais, fumé, congélé), sauf le poisson de luxe,

- Le lait non transformé, les œufs en coquille.

- Les produits alimentaires, le transport de personnes devraient avoir un coût raisonnable.

Propositions de reformes fiscales

Sur le régimedes pénalités (Art 161 LPF) :

La suppression de la majoration, pour conserver uniquement la pénalité du retard pourpaiement en retard ou hors délais des impôts), car il y a trop de pénalités,

Revoir le montant de la taxation d'office à la baisse en fonction du chiffre d'affaires du contribuable.

Sur la déclarationannuelle au régime fiscal TEE (Art 78 CGI)

Que le défaut de la déclaration annuelle des contribuables au régime TEE soit assorti d'un montant de pénalité de 5% de l'avis d'imposition annuelle TEE.

Que le visa de certification des états financiers soitfacturé à 0,5% du chiffre d'affaires.

Après obtention de la DFE, dans la création de l'entreprise, elle doit bénéficier d'au moins sept (7) mois, avant de commencer le paiement d'impôts, le temps de se construire une base de trésorerie et une flotte clientèle, pour une entreprise naissante.

Ces propositions ont pour objet de renforcer l'harmonie entre les contribuables et le système fiscale en baissant la pression fiscale.

CONSEILS PRATIQUES EN VUE D'UNE BONNE GESTION DE L'ENTREPRISE OU DU SERVICE

Au niveau fiscal et comptable

Tout Chef d'entreprise, ou tenant d'activité doit observer les règles de gestion suivantes :

Les déclarations fiscales :

Vérifier régulièrement les déclarations, afin de voir si les impôtssont bien calculés et les formulaires bien renseignés, avant l'envoie en ligne,

Si les taux sont actualisés,

Si les impôts sont payés dans les délais légaux.

Les pièces comptables :

Vérifier si les factures portant achats, ventes, loyers, impôts, salaires, transport, électricité, eau sont bien enregistrées. Vérifier le numéro de la pièce comptable, la nature de la pièce, la date d'enregistrement (jour, mois et année), la date à laquelle la dépense a été effectuée, ou la date de recouvrement si c'est une créance).

Ceci permet d'éviter les erreurs sur les déclarations fiscales et vous évitent des pénalités de la part de l'administration fiscale. Ensuite, la comptabilité de l'entreprise ou du service a une bonne lisibilité.

Au niveau social (CNPS)

Les employeurs ou chefs d'entreprises ou de servicesdoivent déclarer à la CNPS, FIDRA, etc les salariés ayant exercé dans l'entreprise après douze mois(un an) de travailrévolu. Faute de quoi, en cas de contrôle inopiné ou spontané de la CNPS, ou de saisine de l'Inspection de travail par l'employé, un redressement sera fait à l'entreprise ou à l'activité sur les appels à cotisation concernant la sécurité sociale de l'employé. L'entreprise enregistrera des secousses financières au niveau de sa trésorerie.

Au niveau juridique

L'entreprise devra déterminer et conférer un statut juridique bien précis aux employés :

Il faut déterminer chaque catégorie de travailleurs. Ceux qui sont en situation de contrat de travail à durée déterminée

(CDD), de contrat à durée indéterminée (CDI), les journaliers, les stagiaires, les collaborateurs occasionnels qui ont des contrats de commerciaux, les apporteurs d'affairescommissionnaires de l'entreprise. Cette classification se fait en raison du profil,de la catégorie professionnelle et de l'ancienneté du salarié dans le service.

Quel est l'intérêt de cette classification ?

La détermination du statut juridique de chaque travailleur lui donne des assurances sur sa carrière professionnelle et il exerceles tâches qui lui incombent avec motivation. Ensuite, le salarié ne cherche pas tous les jours d'autres offres, en vuede travailler ailleurs, faute de lisibilité sur sa carrière dans l'entreprise actuelle où il exerce. Car chaque individu aspire à une meilleure condition. Le Conseil juridique ou la Direction des Ressources Humaines (RH) devra avoir la sagacité de discerner ces situations dans l'entreprise ou service et avoir un bonne maîtrise de la situation de chaque travailleur. L'employé veut être rassuré qu'il peut se réaliser et bien gérer les besoins de sa cellule familiale et aussi faire de l'épargne pour préparer l'avenir de ses enfants, en exerçant dans votre entreprise ou service.

Plusieurs entreprises sont en difficulté par défaut ou mauvaise gestion de trésorerie et de profil de carrière des employés. Cela entraine pour conséquence, de mauvais résultats financiers en fin d'exercice de l'année.

Ces précautions en matière de gestion vous rassurent d'une part, une bonne trésorerie, etvous évite des pertes financières inutiles, et d'autre part, cela permet à l'entreprise ou le service de conserver les employés qui concourent au bon fonctionnement de l'exploitation.

III. La CNPS

Statut juridique

L'Administration de Côte d'Ivoire a prévu une sécurité sociale à l'endroit des travailleurs du secteur privé. Elle est régie par la Caisse Nationale de Prévoyance Sociale, en abrégé CNPS.

Créée le 15 Décembre 1955, la 1ère appellation était : Caisse de Compensation des Prestations Familiales. Ensuite, le 20 Décembre 1968, l'organisme a pris la dénomination sociale de Caisse Nationale de Prévoyance Sociale (CNPS). Elle était auparavant un établissement public, à caractère industriel et commercial (EPIC), ensuite, un établissement public national (EPN). La CNPS est à présent une Société privée de type particulier depuis le 06 Août 1999.

2. La Mission

Assurer la gestion du régime de protection sociale des travailleurs et assimilés, ainsi que celle des travailleurs indépendants. C'est par ordonnance, pris en Conseil de Ministre le 17 Juillet 2019, que l'Etat a institué le régime de protection sociale au bénéfice des travailleurs indépendants. La CNPS a modernisé ses services envers les employeurs et travailleurs par la création d'un portail informatique dénommé ''e-cnps''. Ceci permet de remplir aisément les formalités administratives d'affiliation des employeurs et de l'immatriculation des travailleurs) à la CNPS. Ensuite, l'employeur par son gestionnaire peut directement remplir les formulaires d'appel à la cotisation et les envoyer en ligne sans se déplacer. Le paiement peut se faire également de façon électronique.

C'est un grand privilège pour les investisseurs de faire usage des formalités administratives de façon numérique.

Les rubriques d'appel à cotisation concernent :

La prestation familiale(PF) / Taux : 5%

Assurance maternité (AM)/Taux :0,75%

La caisse retraite ou assurance vieillesse : (CR)/ Taux : 14%, dont 7,70% cotisation employeur, et 6,30% cotisation salarié.

Accident de travail (AT/MP)/ Taux 5%. *Le taux ici est fonction du risque encouru dans l'activité. Il est bas lorsque le risque est moindre, et élevé lorsque le risque est élevé*[20].

Les entrepreneurs indépendants peuvent s'immatriculer ou se déclarer à la CNPS pour la sécurité sociale.

---

[20]*Loi n° 99-477 du 02 Août 1999 portant modification du code de prévoyance sociale, Site : https://www.cnps.ci*
Les entreprises doivent accepter de déclarer leurs employés à la CNPS et leur assurer une sécurité sociale qui est vitale. Plusieurs entreprises hésitent à déclarer leurs salariés, pensant que cela est une perte de temps et d'argent, or cela relève d'une obligation légale.

IV. Le CEPICI

1. Statut juridique

Créé par décret n° 93-774 du 29/09/1993, le Centre de Promotion des Investissements en Côte d'Ivoire (CEPICI)est un établissement public national à caractère administratif. Il est devenu le Guichet Unique de l'investissement en 2012. Ce service joue un rôle prépondérant aux côtés du secteur privé.

Mission

Le CEPICI fédère, coordonne et rationalise l'ensemble des initiatives et actions du gouvernement, en matière de promotion des investissements nationaux et étrangers en Côte d'Ivoire.

Le CEPICI facilite les formalités de constitution des entreprises. Les Cabinets judiciaires ou de gestion : Centres de Gestion Agréés (CGA), etc…, légalement constitués, avec un registre de commerce et de crédit mobilier (RCCM) ou un agrément, un compte contribuable (CC) réalisent le montage du dossier de Création de l'entreprise. Ensuite, ils vont soumettre le dossier de création à la procédure de vérification et de validation au CEPICI. Un compte en ligne de l'entreprise est ouvert, où sont logées les données de l'entreprise. Ensuite, le dossier rentre dans un circuit de traitement jusqu'à obtention des documents administratifs de l'entreprise qui sont :

L'avis de constitution, le registre de commerce et de crédit mobilier (RCCM) la déclaration fiscale d'existence(DFE), les procès-verbaux de constitution, l'IDU, (l'Identifiant Unique) et les annexes de la création.

Le rattachement au centre des impôts

Après obtention des documents administratifs de création de l'entreprise, l'Entreprenant fait le rattachement de l'entreprise au centre d'impôts du lieu de la situation du siège social de l'entreprise ou de l'activité, dès retrait des documents au CEPICI. Le rattachement fait connaître à l'Entreprenant, son numéro de compte contribuable, les différents impôts auxquels il est assujetti, ainsi que le service des assiettes de paiements de ses impôts au centre d'impôts situé dans la commune de l'exercice de l'activité, ou la direction des impôts compétente pour recueillir ses déclarations fiscales lorsque les activités de l'entreprise couvrent le territoire du pays[21].

---

[21] Décret 2012-867 du 06 Septembre 2012 portant création d'un établissement public à caractère administratif dénommé : Centre de Promotion des Investissements en Côte d'Ivoire, en abrégé : CEPICI Site : www.cepici.gouv.ci

Le CEPICI est le conseiller des Investisseurs. Cependant cette noble Institution devra décentraliser ses Services de vérification, d'enregistrement et de traitement des dossiers soit par District, Région ou Département sur le territoire national, une proposition contributive qui désengorge le Service CEPICI d'Abidjan et facilite la tâche aux Entreprenants provenant de divers horizons du pays.

V. L'ENVIRONNEMENT JURIDIQUE

L'Etat de Côte d'Ivoire a fait beaucoup de progrès dans la construction de l'Etat de droit, et notamment en ce qui concerne l'environnement des affaires. Il s'agit, de la création de juridictions spéciales pour un règlement efficace et rapide des affaires concernant les opérateurs économiques (Sociétés commerciales, les commerçants, les entrepreneurs, les groupements d'intérêts économiques…). Il s'agit en occurrence des juridictions de commerce, dont le tribunal de commerce, la Cour d'Appel de commerce, la Cour Commune de Justice et d'Arbitrage en abrégé CCJA, une juridiction communautaire arbitrale. Ensuite, la Côte d'Ivoire a ratifié le traité de l'Organisation pour l'Harmonisation en Afrique du Droit des Affaires (**OHADA**), signé à Port-Louis le 17 Octobre 1993. Le but est de :

Renforcer la sécurité juridique et judiciaire ;

- **La sécurité juridique** s'entend de l'élaboration de textes précis, dont l'interprétation et l'application aux situations qui conviennent facilitent leur résolution.

- **La sécurité judiciaire** s'entend des magistrats professionnels et expérimentés dans les domaines de compétence qui leur sont réservés. Cela garantit aux investisseurs et opérateurs économiques de toute nationalité, un climat de confiance dans la réalisation de leurs investissements et dans l'exercice de leurs activités, dans les Etats membres de l'espace OHADA.

La Côte d'Ivoire dispose également d'un système judiciaire, composé de juridictions de droit commun et de juridictions spéciales au 1er degré d'une part, ensuite, des juridictions de second degré, d'autre part[22].

---

[22]Traité portant Organisation de l'Harmonisation du Droit des Affaires en Afrique, en abrégé : OHADA, Site : www.ohada.com / www.ohada.org
Le Droit OHADA facilite la compréhension aux acteurs du droit (les Magistrats, les Cabinets de conseil et les Experts du droit). Sa présence dans plusieurs pays est un avantage pour les dirigeants de Sociétés dont les exploitations couvrent beaucoup de Nations réunis dans l'espace OHADA. Car l'application d'un même droit facilite les procédures et cela donne plus d'assurance.

VI. LES JURIDICTIONS

Juridictions de droit commun et de 1er dégré

Les juridictions de droit commun sont compétentes pour statuer sur toutes les affaires (civiles, commerciales, administratives et fiscales), sauf si compétence leur a été expressément retirée et attribuée à une autre juridiction en raison de la nature de l'affaire. Il s'agit :

Des tribunaux 1ère instance et leurs sections détachées.

Juridictions spéciales

Il existe des juridictions spécialisées dans des matières bien définies :

a) Le Tribunal de travail

Le Tribunal de travail a la compétence de connaître les litiges qui peuvent s'élever entre les professionnels du secteur privé, notamment entre travailleurs d'une même entreprise ou entre travailleurs et direction de l'entreprise.

b) Le Tribunal de commerce

Il est compétent pour connaitre les affaires qui relèvent des professionnels de commerce, et d'entreprises.

Les juridictions de second degré

a) Les Cours d'Appel

Au second degré, suivent les Cours d'Appel avec leurs chambres (Chambre Administrative, Commerciale, chambre de Travail, chambre Civile et Sociale et la

Chambre d'Instruction). Il convient de rappeler que la Chambre d'Instruction était anciennement appelée Chambre d'Accusation.

b) La Cour Suprême

La Cour Suprême et ses chambres : Chambre Judiciaire ou Cour de Cassation, Chambre Administrative, et la Chambre des Comptes devenue Cour des Comptes.

Tous ces instruments juridiques et administratives dont dispose la Côte d'Ivoire constituent un atout qui contribue au développement économique, au bon fonctionnement des entreprises, et garantit la sécurité des investissements nationaux et étrangers.

VII. L'INSPECTION DE TRAVAIL

C'est une Institution Administrative à caractère social. Elle concourt à l'encadrement et à la réglementation des relations professionnelles entre les travailleurs et les employeurs.

L'Inspection de travail a une fonction de contrôle, de gestion administrative, de conseil, de conciliation et d'arbitrage[23].

---

[23]Loi n° 2015-532 du 20 Juillet 2015 portant code de travail **Site de documentation juridique** : http://www.cndj.ci
Les juridictions participent à la gestion des affaires contentieuses des entreprises et de ce fait contribuent de façon indirecte au fonctionnement de celles-ci. C'est le cas des procédures collectives qui aident les entreprises dans leur redressement, ainsi que les décisions de justice portant sur le recouvrement de créances contentieuses des entreprises.

VIII. MARCHE FINANCIER : La Bourse Régionale des Valeurs Mobilières (BRVM)

a) Définition et statut juridique

Un marché financier ou boursier est un espace d'échange de valeurs mobilières, c'est-à-dire de ventes et d'achat de titres financiers. Ceux-ci peuvent être des créances, des actions ou obligations, ou encore des bons de souscription, ou des certificats d'investissement.

La BRVM a été créée le 18 Décembre 1996 à Cotonou par le Conseil des Ministres des Etats membres de l'UEMOA. La BRVM est une Société anonyme privée régie par les dispositions de l'Acte Uniforme de l'OHADA portant droit des sociétés commerciales et du groupement d'intérêts économiques.

b) Mission

La bourse joue un triple rôle dans l'économie moderne.

Elle permet de :
-mobiliser l'épargne,
- d'augmenter les opportunités de financement des entreprises,
- de créer des activités économiques,
- de créer des emplois et d'attirer les capitaux étrangers.

1. *Qu'est-ce que la Bourse régionale ?*
2. *Quelle est sa mission ?*
3. *Quels sont les produits proposés dans la BRVM ?*
4. *Comment le marché boursier est-il organisé ?*
5. *Qui peut accéder à la BRVM ?*
6. Qu'est-ce que la Bourse Régionale des Valeurs Mobilières ?

La Bourse Régionale des Valeurs Mobilières est une institution spécialisée. Elle a été créée le 18 Décembre 1996. Son capital est souscrit par les opérateurs économiques et les institutions de l'UEMOA. Elle est située dans huit (8)Etats de l'UEMOA dont :

- la Côte d'Ivoire, la Guinée-Bissau, le Benin, le Burkina Faso, le Togo, le Sénégal, le Mali et le Niger. Le siège social est à Abidjan et est représenté dans chaque Etat par l'antenne nationale d'échange (ANB)

1. *Rôle de la BRVM*

La BRVM est chargée d'assurer la cotation et la négociation des titres, d'assurer la diffusion des cours des actions et de l'information,

De promouvoir et développer le marché.

En vue de protéger les investisseurs, l'UEMOA a créé le Conseil régional de l'épargne publique et des marchés financiers (CREPMF).

Ensuite, il existe une autorité des marchés financiers de l'Etat, créée par des réglementations, en vue du bon fonctionnement du marché financier régional.

Elle contrôle les parties prenantes du marché, enquête et sanctionne le cas échéant.

Quels sont les produits proposés dans la BRVM ?

Trois types de produits sont proposés par le marché d'échange régional.

Ce sont :

a) Actions : Le marché financier est connu en bourse. Une participation représente un droit de propriété ou une participation dans une Société. Ce droit de propriété ou de participation offre à la personne :

- Le droit de vote à l'assemblée générale (AG),

- Le droit d'obtenir les informations et de les utiliser pour y participer.

b) Obligations : C'est l'obligation de créance. L'épargnant ou l'investisseur qui achète une obligation obtient une dette qui représente une partie du prêt accordé à l'émetteur. Pour cette obligation, il reçoit le remboursement des intérêts et du principal, conformément au calendrier proposé par l'émetteur. Ce dernier peut être un Etat, une autorité ou une entreprise.

c) **Droits de souscription** : Les droits accordent à l'actionnaire ordinaire, la priorité d'acheter des actions nouvellement émises à un prix prédéterminé, si la société désire obtenir une augmentation de capital.

Comment le marché boursier est-il organisé ?

Les investissements en bourse sont effectués par l'intermédiaire d'une entreprise de Management et d'Intermédiation. L'entreprise passe des commandes d'achats et des commandes clients qui lui sont envoyées. Elle exécute un compte et conseille la gestion de portefeuille. Les titres échangés sont facturés auprès des comptes de valeurs mobilières. Il est pareil à un compte de dépôt courant, seulement, il est destiné à recevoir des titres.

Qui peut accéder à la BRVM ?

Toutes les entreprises des Etats membres de l'UEMOA qui satisfont aux exigences d'acceptation peuvent lever des capitaux auprès du public par l'émission d'actions ou d'obligations. Les Etats de l'UEMOA peuvent lever des fonds auprès d'investisseurs sous forme d'obligations. La bourse est accessible à tous. Elle est réservée aux financiers, aux traders, ainsi qu'aux particuliers et aux investisseurs occasionnels.

3 .Rentabilité de la BRVM

Des études sur l'évolution de divers investissements financiers montrent que les investissements en bourses sont très rentables, à l'instar des investissements financiers traditionnels tels que : **La banque, l'immobilier et l'assurance.**

Pour ceux qui souhaitent investir en bourse ou y avoir des informations, veuillez approcher les entreprises qualifiées en la matière. Elles répondront à vos préoccupations, analyseront votre situation financière et vous proposeront un plan d'investissement convenable sur le marché boursier[24].

---

[24] Création de la Bourse Régionale des Valeurs Mobilières par décision du Conseil des Ministres de l'UEMOA du 18 Décembre 1996
Site web : https://www.umoatitre.org / www.brvm.org
Les marchés financiers sontdes'activitéspeuconnues. Pourtant, ellessontautantrentables que les activités ordinaires de tout entrepreneur.
Les tenants du secteurdoiventd'avantage le faire connaître au public pour susciter son intéressement.

CONCLUSION

L'Etat de Côte d'Ivoire s'est engagé à soutenir le secteur privé, qui demeure un vecteur de croissance économique et de création d'emplois, ce qui concoure à la réduction de la précarité des populations.

Ainsi, le gouvernement a pris certaines mesures dans le sens de l'amélioration du climat des affaires en Côte d'Ivoire, auConseil des Ministres du 08 Décembre 2021. Il s'agit notamment ;

De la réduction des délais de paiement des créances des entreprises sur l'Etat, la mise en place d'un système intégré de traçabilité, la lutte contre la contrefaçon, la contrebande et la concurrence déloyale, la compétitivité du système fiscal et douanier, la fiscalité du secteur des télécoms, la sécurité juridique et judiciaire, ainsi que la facilitation à l'accès aux crédits au bénéfice des entreprises. Ces initiatives de l'Etat visent la consolidation du fonctionnement du secteur privé et l'encouragement des investissements.

Le gros enjeu pour l'ensemble de l'Afrique de l'Ouest est le marché unique. Il permet un essor de grande ampleur des activités manufacturières génératrices d'emplois et de valeur ajoutée.

L'Afrique de l'Ouest présente des acquis, avec le droit OHADA (Organisation pour l'harmonisation en Afrique du droit des affaires), un droit rénové et adapté au contexte économique. Ensuite, il y a l'abondance des ressources naturelles encore inexploitées, conciliée à un climat de stabilité.

C'est vers cet objectif de marché unique que les gouvernants et opérateurs tendent leurs efforts.

LEXIQUE

Encours de crédit : C'est le montant total des crédits émis par une Institution, à la date donnée et non remboursé. C'est un stock.

Consortium : C'est une entente, un accord, un partenariat, entre plusieurs personnes, associations, entreprises, Institutions indépendantes, en vue d'une coopération portant exécution d'une ou plusieurs opérations économiques, financières, scientifiques ou culturelles.

Juridiction : C'est une Institution dont compétence a été conférée par la loi, en vue de trancher les litiges qui lui sont soumis.

Fiscalité : C'est l'ensemble des lois, des règlements et mesures relatives aux impôts.

Assujetti : Celui qui est soumis à l'impôt

Ténacité : qualité d'une personne déterminée, persévérante.

BIBLIOGRAPHIE

I. Ouvrages

L'investissement direct étranger en Côte d'Ivoire

Auteur : Docteur GUEBY JOSEPH DAGO : Professeur à l'Université C.I

Le Contrôle fiscal en Côte d'Ivoire

Professeur Eddyson KASSI : Administrateur des Services Financiers

La Côte d'Ivoire à l'épreuve de la promotion des investissements privés

Maître TOURE Sie : Magistrat à la Cour des Comptes d'Abidjan

Cours de fiscalité : La taxe sur la valeur ajoutée : Professeur EdysonKASSI ,Administrateur des Services financiers

Professeur en Droit Privé à l'Université F.H.B Cocody

Fiscalité des entreprises :KEKRE A JOSEPH

Juriste d'affaires/Fiscaliste/Consultant

Droit des Affaires : Professeur Eric Marc BEIRA Professeur de Droit privé à l'Université FHB de Cocody

Gestion des Entreprises : Professeur DIABATE Mory, Expert –Comptable

Fondateur de l'Université Nord/Sud d'Abidjan

«2QC » Programme Quantité-Qualité-Croissance

2014-2023-2025,

Technologie Incorporée et Performance Commerciale du Cacao de Côte D'Ivoire, Auteur : Nicole Adjoua ADJE

Les Dix Bienfaits du Café, Auteur : Florence DAINE

NORMES LEGISLATIVES ET REGLEMENTAIRES

NORMES LEGISLATIVES

Loi constitutionnelle n° 2020-348 DU 19 Mars 2020, modifiant la loi n° 2016-886 du 08 Novembre 2016 portant constitution de la République de Côte d'Ivoire ;

Loi n° 2016-886 du 08 Novembre 2016 portant constitution de la République de Côte d'Ivoire ;

Loi organique n° 2018-979 du 27 Décembre 2018 déterminant les attributions, la composition, l'organisation etle fonctionnement de la Cour des Comptes ;

Ordonnance n° 2018-646 du 1er Août 2018 portant code des investissements ;

Ordonnance n° 2015-182 du 24 Mars 2015 portant instituant un identifiant unique relatif à la création d'entreprises ;

Ordonnance n° 2015-206 du 24 Mars 2015 portant réduction des droit de mutation en matière immobilière ;

Ordonnance n° 2014-162 du 02 Avril 2014 portant réduction des coûts fiscaux sur la création des entreprises ;

Ordonnance2012-369 du 18 Avril 2012 modifiant la loi n° 96-6669 du 02 Août 1996 portant code pétrolier ;

Loi n° 2014-138 du 24 Mars 2014 portant code minier ;

Loi n° 2018-575 du 13 Juin 2018 sur le bail à usage d'habitation en Côte d'Ivoire ;

Loi n° 2014-140 du 24 Mars 2014 portant orientation de la politique nationale de promotion des Petites et Moyennes Entreprises ;

Loi n° 97-519 du 04 Septembre 1997 relative aux sociétés d'Etat et de l'acte uniforme de l'OHADA du 30 Janvier 2014 ;

Loi n° 99-477 du 02 Août 1999 portant modification du code de prévoyance sociale ;

Ordonnance n° 2015-797 du 18 Décembre 2015 modifiant le code général des impôts ;

Annexe fiscale à la loi de finances n° 2020-972 du 23 Décembre 2020, portant budget de l'Etat pour l'année 2021 ;

Annexe fiscale à la loi de finances n° 2021-899 du 21 Décembre 2021 portant budget de l'Etat pour 2022, publié au journal officiel numéro spécial n° 18 du mardi 28 Décembre 2021, prise d'effet, le mardi 04 Janvier 2022 ;

NORMES REGLEMENTAIRES

Décret n° 2012-867 du 06 Septembre 2012 portant création d'un établissement public à caractère administratif dénommé Centre de Promotion des Investissements en Côte d'Ivoire, en abrégéCEPICI ;

Décret n° 2014-593 du 16 Octobre 2014 portant attributions, organisation et fonctionnement de la Chambre de Commerce et d'Industrie de Côte d'Ivoire ;

Décret n° 2005-110 du 14 Février 2005 portant code des marchés publics en Côte d'Ivoire ;

Décret n° 2002-146 du 11 Mars 2002, instituant les Centres de Gestion Agréés, et abrogeant le décret n° 99-51 du 20 Janvier 1999, et l'arrêté n° 535/MEMEF/DGI du 30 Décembre 2002 portant cahier de charges des Centres de Gestion Agréés ;

Décret n° 2017-501 du 02 Août 2017 portant création de la Cour d'Appel de Commerce d'Abidjan ;

Décret n° 2017-409 du 21 Juin 2017 portant modalité d'acquisition et de perte du statut de l'entreprenant ;

Décision n° 001 /PR du 11 Janvier 2012 portant création, organisation et fonctionnement des Tribunaux de Commerce

LES SITES INTERNET

www.banquemondiale.org

www.bceao.int

https://www.umoatitre.org

www.cepici.gouv.ci

www.cnps.ci

www.conseilcafecacao.ci

www.foodmatters.com

www.dgi.gouv.ci

www.presidence.ci

www.tresor.gouv.ci

www.gouv.ci

https://www.france24.com/fr

https://français.doingbusiness.org

https://fr.m.wikipedia.org/wiki/

TABLE DES MATIERES

Structures éditoriales du groupe L'Harmattan

L'Harmattan Italie
Via degli Artisti, 15
10124 Torino
harmattan.italia@gmail.com

L'Harmattan Hongrie
Kossuth l. u. 14-16.
1053 Budapest
harmattan@harmattan.hu

L'Harmattan Sénégal
10 VDN SICAP AMITIE 3
BP 45034 Dakar-Fann
direction@senharmattan.com

L'Harmattan Cameroun
Tsinga/Derrière polyclinique FECAFOOT
BP 11486 Yaoundé
Jacques.koukam@harmattan.fr

L'Harmattan Burkina Faso
Villa 281, secteur 23 623, rue 14.32
Ouagadougou
zagbie@outlook.fr

L'Harmattan Guinée
Almamya, rue KA 028 OKB Agency
BP 3470 Conakry
harmattanguinee@yahoo.fr

L'Harmattan RDC
185, avenue Nyangwe
Commune de Lingwala – Kinshasa
matangilamusadila@yahoo.fr

L'Harmattan Congo
219, avenue Nelson Mandela
BP 2874 Brazzaville
deunovmikhael@gmail.com

L'Harmattan Mali
Immeuble Mgr Jean Marie Cissé
Aci Hamadallaye
BP 145 Bamako
syllaka@yahoo.fr

L'Harmattan Togo
Djidjole – Maison Amela
face EPP BATOME
02 BP 20680 Lomé
didieramela11@gmail.com

L'Harmattan Côte d'Ivoire
Résidence Karl – Cité des Arts
Abidjan-Cocody
03 BP 1588 Abidjan
harmattan.ivoire@gmail.com

L'Harmattan Bénin
Rue 604, (Immeuble à l'entrée
de la rue UCAO- Cite de Saint-Jean)
Cotonou
stepcorpus@gmail.com

Nos librairies en France

Librairie internationale
16, rue des Écoles
75005 Paris
librairie.internationale@harmattan.fr
01 40 46 79 11
www.librairieharmattan.com

Librairie des savoirs
21, rue des Écoles
75005 Paris
librairie.sh@harmattan.fr
01 46 34 13 71
www.librairieharmattansh.com

www.ingramcontent.com/pod-product-compliance
Lightning Source LLC
LaVergne TN
LVHW051410061026
849535LV00009B/3456